Heinrich Basilius Streithofen

Ist die CDU noch zu retten?

Heinrich Basilius Streithofen

Ist die CDU noch zu retten?

Bilanz und Perspektive einer Volkspartei

Herbig actuell

Umschlaggestaltung: Wolfgang Heinzel
Gesetzt aus der 11 Punkt Times
Druck und Binden: Jos. C. Huber KG, Dießen
Printed in Germany
ISBN 3-7766-1792-6

Inhalt

4

Zerstörte Hoffnungen — Gescheiterte Heilslehren 117

5

Verlust der wirtschaftlichen Kompetenz 145

»Bonum hominis est secundum rationem esse« — das Gutsein des Menschen liegt im Sein gemäß der Vernunft

(Thomas von Aquin)

Vorwort

Sind die Parteien und die Politiker noch in der Lage, die wirtschaftlichen und sozialen Auswirkungen der Wiedervereinigung und des zusammenwachsenden Europas zu begreifen? Verstehen sie die tiefgründig sich vollziehenden Veränderungen, den Wertewandel und die technologischen Entwicklungen? Die Parteien und die Behörden sind, so scheint es, volksfremd geworden.
Politische Entscheidungen leiden heute am kurzen Atem der Entscheidungsträger. Sicherlich wird manche Entscheidung mit heißer Nadel gestrickt. Die Bürger im Land wissen das und sind durchaus bereit, unvollkommene Lösungen zu ertragen. Auf tiefe Ablehnung stößt aber die allenthalben zu beobachtende Perspektivlosigkeit deutscher Politiker.
Die CDU wäre deshalb gut beraten, stärker langfristige Probleme aufzugreifen. Die CDU-Politiker müssen die wirtschaftlichen und sozialen Langzeitrisiken für die Politik erkennen. Wichtiger aber ist noch, daß sie ihre Augen und Ohren öffnen für untergründige geistige Strömungen. Sie haben sich auch zu fragen: Was muß geschehen, damit politische Tagesereignisse Signale für neue Entwicklungen sein können.
Viele Matadoren in der CDU wirken verbraucht. Ihre Politiker vernachlässigen bei den tagespolitischen Geschäften die Zukunft und haben anscheinend keine Kraft mehr, neue Leitbilder zu entwerfen.
Die CDU muß, wenn sie zukünftige Wahlen gewinnen will, glaubwürdige Personen aufstellen und Ideen entwickeln, wie

die Freiheit, der Rechtsstaat, die Lebensbedingungen des einzelnen und ganzer sozialer Gruppen, der innere und der äußere Frieden gewahrt und verbessert werden können. Patentrezepte gibt es dafür nicht, wohl aber politische Erfahrungen, die sich in den letzten Jahrzehnten bewährt haben.
Aber was zuerst und zuletzt wichtig ist: Die CDU braucht Bilder mit Phantasie, die Motivationen wecken. Und dafür benötigt sie in Bund, Ländern und Gemeinden glaubwürdige Persönlichkeiten.
Programme sind nützlich, aber nicht wahlentscheidend. Werte müssen vorgelebt werden, dann wirken sie überzeugend.
Dieses Buch widme ich meinen verstorbenen Freunden Dr. Bruno Heck und Ludolf Herrmann. Auf vielen Wanderungen und bei mancher guten Flasche Wein haben wir die nun hier zu behandelnden Probleme besprochen. Sie hätten das alles viel besser darstellen können. Solche Freunde kann man nie vergessen.
Dies ist kein Andachtsbuch. Angebetet wird niemand. Die Beschreibung von Sachverhalten und Personen gerät manchmal polemisch. Dies ist in der Neigung des Verfassers und seiner Freude an scharfen Formulierungen begründet. Die Betroffenen mögen es mir nachsehen.

Im Januar 1993
Pater Basilius Streithofen

Einleitung

Walberberg und die Anfänge der CDU

Während des Zweiten Weltkrieges begann das gesellschaftspolitische Engagement der Dominikaner im rheinischen Walberberg. 1941 wandten sich führende Persönlichkeiten der katholischen Arbeiterbewegung an den damaligen Provinzial der deutschen Dominikaner, Laurentius Siemer, mit der Bitte um Gespräche über die christliche Staats- und Gesellschaftsordnung. Die Namen dieser Gesprächsteilnehmer sind in der CDU fast vergessen.* Seit 1942 hielt Pater Laurentius im Kölner Kettelerhaus, der Zentrale der Katholischen Arbeiterbewegung, regelmäßig Vorträge. An den Gesprächen nahmen auch ab und zu Pater Alfred Delp SJ, Josef Wirmer und einmal Dr. Carl Goerdeler teil. Zu den Widerstandsgruppen in Berlin und München hielt man engen Kontakt, dort insbesondere zu Rechtsanwalt Josef Müller, später als »Ochsensepp« bekannt. Pater Laurentius beauftragte seinen Mitbruder Eberhard Welty, die Grundgedanken der christlichen Gesellschaftslehre über Menschenwürde und Freiheit, Familie und Staat, Recht und Autorität in einzelnen Abhandlungen darzustellen. Damals entstand die Schrift »Was nun?«, in der Welty die »entscheidenden Grundsätze und Grundrichtungen« aufzeigte, »nach denen der Neuaufbau der Staatsgemeinschaft« erfolgen sollte.

Am Abend des 5. März 1945 wurde das Dominikanerkloster St. Albert in Walberberg bei Bonn von Truppen der amerika-

* Jakob Kaiser, Johannes Albers, Karl Arnold, Bernhard Letterhaus, Nikolaus Groß und Heinrich Körner

nischen Armee besetzt. Ungefähr ein Jahr zuvor konnte Eberhard Welty einen Teil seines Buches »Die Entscheidung in die Zukunft — Grundsätze und Hinweise zur Neuordnung im deutschen Lebensraum« einem kleinen Kreis von Bekannten vorlegen. Dann kam der 20. Juli 1944. Pater Laurentius Siemer wurde von der Gestapo gesucht. Seiner Verhaftung in dem südoldenburgischen Bauerndorf Schwichteler konnte er durch Flucht — die Gestapo klingelte bereits an der Klostertür — entgehen. Bis zum Einmarsch der Engländer verbarg er sich im Moor auf einem Einödhof. Eberhard Welty versteckte auf den Rat guter Freunde sein Manuskript in einem trockenen Kanal der Walberberger Klosteranlage. Am 7. März 1945 holte er es aus seinem Versteck und schrieb sein Buch zu Ende.

Unmittelbar nach dem Zusammenbruch 1945 bemühten sich alte Zentrumspolitiker, nach den Vorstellungen des früheren Zentrums eine neue Partei zu gründen. Sie tagten regelmäßig in Walberberg. Nach zahlreichen Diskussionen und Besprechungen trat am 17. Juni 1945 in Köln eine Konferenz von achtzehn Persönlichkeiten zusammen. Unter den Teilnehmern war P. Welty. Leo Schwering, der spätere Oberbürgermeister von Köln, hielt das Grundsatzreferat.

Das Ergebnis der »Kölner Konferenz« waren u. a. die Beschlüsse, die Protestanten in Köln zu einer gemeinsamen politischen Bewegung zu gewinnen, eine Wiedergründung des Zentrums zu verhindern und ein Programm zu entwerfen. Die endgültige Fassung der »Kölner Leitsätze — Vorläufiger Entwurf zu einem Programm der Christlich-Demokratischen Union Deutschlands, vorgelegt von den Christlichen Demokraten Köln im Juli 1945. Ein Ruf zur Sammlung des Deutschen Volkes« wurde bestimmend und beispielgebend für den Standort der sich formierenden CDU.

Fast fünf Jahrzehnte sind seitdem vergangen. Der Zweite Weltkrieg endete mit der totalen Niederlage Deutschlands

und seiner Teilung. In Westdeutschland entstand ein freiheitlicher Rechts- und Sozialstaat. Die Einführung der sozialen Marktwirtschaft, die Familienpolitik der CDU/CSU, die Vermögensbildung in Arbeitnehmerhand, der Solidarpakt der Generationen, das Betriebsverfassungsgesetz und die Mitbestimmung brachten einen nie erahnten Wohlstand und soziale Sicherheit für alle Bürger, die weltweit einmalig sind.
Die CDU-Politiker Konrad Adenauer und Ludwig Erhard prägten entscheidend den Wiederaufbau und die Westintegration. Die Partei erlebte grandiose Siege und bittere Niederlagen. Seit zehn Jahren regiert Helmut Kohl. Er brachte den Deutschen zehn Jahre Wohlstand und die Wiedervereinigung unseres Vaterlandes.
Heute ist die geistig-politische Situation im wiedervereinigten Deutschland eine andere, sie ist etwas qualitativ Neues, mit der sich CDU-Politiker und alle Bürger auseinandersetzen müssen.
Kommunismus und Sozialismus sind gescheitert. Deutschland ist wiedervereinigt und befindet sich in einem schwierigen Vereinigungsprozeß, den die Bürger und viele Politiker nur oberflächlich zur Kenntnis nehmen. Ein gesamtdeutsches Bewußtsein aller gesellschaftlichen Kräfte ist kaum festzustellen. Die Staaten der EG suchen nach neuen supranationalen Strukturen. Die Zusammensetzung und Aufgaben der UNO als Weltgemeinschaft ändern sich. Hinzu kommt der europäische Einigungsprozeß.
Die Politiker sollten sich nicht täuschen. Das Zusammenwachsen des wiedervereinigten Deutschlands nach den Prinzipien unserer Verfassung wird vielleicht eine Generation dauern, auch wenn sich der wirtschaftliche Aufschwung schneller vollziehen wird.

Der ethische Wertmaßstab der Analyse

In diesem Buch werden einige Probleme der CDU analysiert. Den Wertmaßstab dazu liefert die katholische Soziallehre. Sie übermittelt den Menschen große und tiefe Einsichten, die im Laufe der Jahrhunderte von der Kirche erarbeitet wurden. Religiöser Glaube und menschliche Vernunft formten dieses Denken, beeinflußt durch die Philosophie des Griechen Aristoteles, des hl. Augustinus und Thomas von Aquin.

Diese unter völlig anderen Umständen und Voraussetzungen entstandenen Lehrmeinungen sind in ihrer Substanz, in ihrer Abgewogenheit und wirklichen Lebensnähe noch heute nützlich. Das, was die Philosophen und Theologen früherer Zeiten uns an Grundsätzen überliefert haben, büßt seine Richtigkeit niemals ein, wenn es denn wahr ist, daß diese Denker den Zugang zur Wirklichkeit gefunden haben. Freilich werden sich idealistische, positivistische und dem Zeitgeist verfallene Geisteshaltungen, die das Denken und Handeln zahlreicher CDU-Politiker/innen beherrschen, damit nicht zur Deckung bringen lassen. Solche Geister kennen nur die Welt der politischen Tagesmoden, »freischwebende« bzw. von Politgurus »gesetzte« Ideen, nicht aber jenes hintergründige, unserem Denken vorgegebene Reich der inneren Wirklichkeiten, aus denen wir die konstanten Ordnungsgesetze der Welt und des Menschen herauszulesen vermögen. Die geistigen Lehrmeister vergangener Jahrhunderte konnten zu der Höhen- und Tiefenschau genausogut wie wir vordringen. So war Thomas von Aquin durchaus in der Lage, gerade jene Dinge zu verstehen und auszusagen, die auch heute für uns wichtig sind. Politik, Wirtschaft und Gesellschaft haben sich im Laufe der Jahrhunderte geändert. Aber wir Menschen von heute sind nicht anders als unsere Vorfahren. Die Menschenwürde verpflichtet uns, jene Ordnungen zu erkennen, in die wir eingegliedert, für welche Ziele wir geboren sind und welche Mittel wir zur Verfügung haben. Über dies alles haben die Denker vergangener Jahrhunderte gesprochen und geschrieben. Wo es um theologische oder gesellschaftsethische Grundsätze und Maßstäbe geht, hängt das Urteil nicht von zeit- oder raumbedingten Unterschieden ab, sondern von jenen Wesenszügen und Wesensmerkmalen, mit denen Gott uns ausgestattet hat, als er uns nach seinem »Bilde und Gleichnisse« schuf.*

Selbstverständlich würden wir es uns zu leicht machen, einfach klassische Aussagen der Theologen und Philosophen zu wiederholen. Soweit es sich um natürliche Wahrheiten handelt, d. h. um Wahrheiten, die unserem Denken und Forschen zugänglich sind, müssen wir uns der Mühe unterziehen, den Beweisgründen nachzuspüren und die entsprechenden Wahrheiten für uns einsichtig zu machen. Es besteht die Pflicht, darüber Rechenschaft zu geben, welche Grundsätze allgemeine, überzeitliche und überräumliche Geltung beanspruchen.

Diese Veröffentlichung ist kein wissenschaftliches Lehrbuch, sondern eine Streitschrift. Subtile philosophische oder theologische Erörterungen finden nicht statt. Trotzdem soll dort, wo es notwendig ist, kurz und verständlich der »springende Punkt« aufgezeigt werden.

Die gesellschaftlichen Verhältnisse unserer Zeit sind anders als unmittelbar nach dem Zusammenbruch 1945. Hier und heute sind wir gezwungen, bisher unangefochtene Normen ohne jede Voreingenommenheit zu überprüfen und, soweit Vernunft und Glaube es zulassen, in neuer Form und größerer Weite anzupassen. Das wird manchen Zeitgenossen in der katholischen Kirche oder in der CDU befremden. Wie es auch sei: Rücksicht ist in diesen schwierigen Zeiten nicht angebracht.

* Vgl. Welty, Eberhard: Die Entscheidung in die Zukunft — Grundsätze und Hinweise zur Neuordnung im Deutschen Lebensraum, Köln 1946, 14.—16.

Der ambivalente Charakter der Gesellschaftsethik ist, daß sie immer eine theoretische und eine praktische Seite hat. Die Gesellschaftsphilosophie ist auf Vernunftprinzipien abgestellt. Ihre Methode ist deduktiv und induktiv. Weder die Grundbegriffe Gut und Böse, Gesetz und Pflicht usw. noch die obersten Grundsätze der Moral können allein aus der Erfahrung abgeleitet werden. Hierfür sind vielmehr die metaphysische Einstellung, die Erfassung des Wesens und der Natur des Menschen in seiner völligen Abhängigkeit und Hinordnung auf Gott entscheidend. Es gibt keine metaphysisch unabhängige Moral.

Die Ethik muß immer die Erfahrungstatsachen, das reale Leben, berücksichtigen; sie muß die konkreten Lebensumstände kennen. Dies ist ihre induktive Seite. Die Kenntnis des Rechts, der Geschichte, der sozialen, wirtschaftlichen und politischen Institutionen liefert für ethische Betrachtungen reiche Erfahrungsquellen. Der Ethiker muß das Erfahrungsmaterial aus Vergangenheit und Gegenwart berücksichtigen. Die Ethik, wie sie hier vertreten wird, ist also von den apriorischen Verfahren eines Kant, Hegel und deren Nachfolger, also auch von den rein positivistischen Beschreibungen, verschieden.

Als Gesellschaftsphilosophie ist die Ethik der Methode nach theoretisch ausgerichtet, ihr Gegenstand aber — hier die Politik der CDU — ist ein praktischer, d. h. der Ethiker orientiert sich an Handlungen und Tätigkeiten. Dies muß der Leser wissen. Eine philosophische Ethik, die sittliche Grundsätze für das politische Handeln aufstellt, hat immer eine ideale und eine praktische Dimension zugleich. Sie ist zu verwirklichender Auftrag und zu erfüllende Pflicht. Der Gegenstand des ethisch verantwortlichen Handelns muß also, wenn er theoretisch erkannt ist, immer noch verwirklicht werden. Diese Verwirklichung umfaßt in diesem Fall das gesamte politisch-moralische Leben.

Die Aufgabe der Ethik besteht darin, daß sie das Sittliche in seinem Zielcharakter sowohl nach der inhaltlich werthaften Seite als auch in seinem Sollen aufzeigt, deutet, begründet. Deshalb ist der Wissenschaftscharakter der Ethik doppelwertig oder, um es mit einem Fremdwort zu sagen, ambivalent.

Individual und Gesellschaftsethik

Die Individualethik beschäftigt sich mit dem selbstverantwortlichen Handeln des Menschen. Sie ist eine Pflichtenlehre. Gesetze und Gewissen binden und verpflichten den Menschen. Die persönliche Verantwortung umfaßt das gesamte sittliche Handeln. Jeder Mensch hat eine doppelte Verantwortung: erstens vor seinem Gewissen, das unbestechlich das Gute lobt und das Böse verurteilt; zweitens vor der Gemeinschaft, der er angehört, z. B. gegenüber der Familie, dem Staat oder anderen Gemeinschaften.
Der Mensch ist nicht nur Einzelmensch, sondern Mitglied menschlicher Gemeinschaften. Wie die Erfahrung zeigt, ist er in seinem Streben nach Selbstverwirklichung, d. h. nach seiner eigenen Vervollkommnung oder Persönlichkeitswerdung auf die Hilfe anderer Menschen angewiesen. Sofern der Mensch einer Gemeinschaft angehört, hat sein moralisches Handeln eine gesellschaftsethische bzw. sozialethische Dimension. Der eigenverantwortlich handelnde Politiker muß immer das Gemeinwohl berücksichtigen. Als Einzelmensch kann er aus Mitleid oder Nächstenliebe die Armen unterstützen. Er handelt dann individualethisch. Wie der Staat aber einen Ausgleich zwischen armen und reichen Ländern bewerkstelligt, daß ist sozialethisch zu verantworten. So werden, um es an einem Beispiel zu erläutern, die Probleme des Asyls

oder der inneren Sicherheit von vielen Bürgern und Politikern individualethisch betrachtet, aber nicht gesellschaftsethisch d. h. im Blick auf den Gesamtstaat. Mit »persönlicher Betroffenheit«, also aus individueller Sicht, kann ich keine schwierigen politischen Probleme lösen. Die Ebenen werden oft verwischt. Noch ein anderes Beispiel, um das Spannungsfeld Individualethik—Gesellschaftsethik zu verdeutlichen. Am 5. September 1977 entführten Terroristen der RAF den Arbeitgeberpräsidenten Hanns Martin Schleyer. Die Terroristen ermordeten den Fahrer und das Polizeibegleitkommando. 43 Tage wurde Schleyer gefangengehalten und gequält. Die Terroristen wollten die in Stammheim einsitzenden RAF-Gangster gegen Schleyer austauschen. Seine Familie befürwortete den Austausch, die Regierung lehnte ihn ab. In seinem Kondolenzschreiben rechtfertigte der damalige Bundesjustizminister Hans-Jochen Vogel das Handeln der Regierung. Er schrieb an Frau W. Schleyer. »Kaum ein Kondolenzbrief ist mir so schwergefallen wie dieser. Denn noch bei keinem Verstorbenen mußte ich mir sagen, daß ich — jedenfalls aus der Sicht der Angehörigen — daran hätte mitwirken können, ihn zu retten. Daß ich es nicht getan habe und mich im entscheidenden Zeitpunkt gegen die Freilassung der Gefangenen ausgesprochen habe, leugne ich nicht. Aber der Gedanke, daß ein solches Votum den sicheren Tod einer großen Anzahl jetzt namentlich noch nicht bekannter Opfer und zugleich eine schwere Erschütterung nicht der Staatsraison, sondern der Fähigkeit des Staates bedeutet hätte, die ihm anvertrauten Rechtsgüter zu schützen, hat mir ein solches Votum unmöglich gemacht.«* Die Entscheidung der Regierung und ihre Rechtfertigung in dem Schreiben von H.-J. Vogel zeigen, wie sehr sich Gemein- und Privatwohl voneinander un-

* Vgl. Vogel, Hans-Jochen in: Briefe an die Familie Schleyer — Bekenntnis und Verpflichtung, hrsg. v. H. B. Streithofen, Stuttgart 1978, S. 166.

terscheiden. Das Gemeinwohl besteht in der Gesamtheit der Rechtsordnung und öffentlichen Einrichtungen. Das Privatwohl ist dagegen die Gesamtheit jener Güter, die den Einzelmenschen vervollkommnen. Darum hat der Staat unmittelbar das Gemeinwohl, nicht aber unmittelbar das Privatwohl zu besorgen.

Eine andere Überlegung ist noch wichtig. Wer ethische Werturteile fällt, in welchem Bereich auch immer, muß die Erfahrung berücksichtigen. Und manche simplen Erkenntnisse, die wichtig sind für die Beurteilung menschlichen Handelns — also auch des politischen —, scheinen einige Kritiker der CDU zu vergessen oder nicht zu kennen. So können zum Beispiel die ethisch relevanten Umstände, die eine Handlung gleichsam »umstehen« oder in der sie eingebettet sind, deren sittlichen Wert mitbestimmen, soweit sie erkannt und mitgewollt sind. Bei jedem politischen Werturteil sollte man, bevor man urteilt, fragen: Wer tut etwas (quis)? Mit welchen Mitteln (quibus auxiliis = Personen oder Sachen)? Was ist der Zweck des Handelnden (cur)? Wie wird die Handlung ausgeführt (quomodo)? Was ist der eigentliche Gegenstand der Handlung (quid, cui)? Ort (ubi) und Zeit (quando) sind ebenfalls wichtig.

Klugheit und Kritik

Aristoteles bezeichnet die Klugheit als die richtige »Vernunftwegweisung im Handeln«. Wie steht es um diese Tugend bei den CDU-Politiker/innen?
Diese Kardinaltugend kann auch bezeichnet werden als die Fähigkeit der praktischen Vernunft, Einzelhandlungen des politisch-ethischen Lebens richtig zu überlegen, zu beurteilen und zu entscheiden, was augenblicklich hier und heute zu tun oder zu lassen ist. Nur wer entscheiden kann, ist im aristotelischen Sinne klug. Können die CDU-Leute noch Entscheidungen fällen?
Die alten Regeln der aristotelisch-thomasischen Tugendlehre sind auch heute noch nützlich für die Beurteilung der CDU, ihrer Personen und Politik.
Diskussionen über Grundsätze und ihre Umsetzung in konkrete Politik werden in der Partei kaum gepflegt. Ob das vom Generalsekretär angekündigte »Gesprächsjahr 1993« die Bürger beschäftigen wird, bleibt abzuwarten. Ruhe scheint die erste Parteipflicht in der CDU zu sein.
Dieses Buch will ein Nachdenken, eine schöpferische Unruhe auslösen. Der Autor wünscht sich, daß die CDU/CSU zusammen mit der FDP die Bundestagswahlen 1994 gewinnt. Mit Helmut Kohl ist das noch einmal möglich. Voraussetzung dafür ist eine Gewissenserforschung.
Bewährte politische Prinzipien und deren zeitgemäße Anwendung müssen überprüft, traditionelle Verhaltensweisen eventuell geändert werden. Der deutsche Bürger ist politisch mündig. Ungern läßt er sich von den Politikern bevormunden. Manche CDU-Matadoren haben die Attitüden früherer »Kirchenfürsten« verinnerlicht, die die Gläubigen im biblischen Sinne als »Schafe« behandelten. Wenn schon in den Kirchen niemand mehr »Schaf« sein will, was die meisten deutschen Bischöfe erkannt haben, dann erst recht nicht im politischen Leben.

Was hier zur Reform der CDU formuliert wird, entstand aus Notizen, Gesprächen und Anregungen zahlreicher Gesprächspartner aus Kirche, CDU, Wissenschaft und Wirtschaft. Mit dieser Arbeitsweise wird die Walberberger Gesprächstradition fortgesetzt.
Ein Buch dieser Art kann nicht alle Probleme der zeitgenössischen Politik behandeln und angeben, was zu geschehen hat. Die Aufgabe besteht vielmehr darin, Fehlentwicklungen aufzuzeigen und auf entscheidende Grundsätze und Grundrichtungen hinzuweisen.
Die Verwirklichung obliegt den Politikern. Sie haben die Verantwortung für die Gestaltung unseres Staates.

1

Weiter so, CDU?

Merkmale der Staatsraison
Staatsraison — Parteiraison
Keine Alternative?
Gegen Besserwisser
Schwere Wahlschlappen
Saisonale Mehrheiten
Abgehakt?
Präsidiale Schelte
Große Leere
Ist die Lage tatsächlich so schlecht?
Inkompetente Oberlehrer

Amerikaner, Engländer, Franzosen oder Schweizer bekennen sich zu ihrem Vaterland in guten und in schweren Tagen. Sie feiern ihre nationalen Gedenktage. Bei uns ist das anders. Die Deutschen sind staatsverdrossen, distanziert zu den politischen Parteien, verhalten sich nicht solidarisch gegenüber dem Gemeinwohl, d.h. gegenüber dem Staat. Nationalstolz entwickeln die Teutonen höchstens noch bei Fußballländerspielen. Sinn und Zweck des Staates scheint nur die Gewährleistung eines hohen Lebensstandards zu sein. Der Egoismus des einzelnen und der Interessengruppen kennt keine Grenzen. Gibt es so etwas wie eine Staatsraison der Bundesrepublik Deutschland? Was ist der Sinn unseres Staates, unserer Demokratie? Wie sind die Staatsgewalt und die politischen Parteien zu beurteilen? Welche Rechte und Pflichten hat der Bürger?

Merkmale der Staatsraison

Der Begriff Staatsraison stammt von Francesco Guicciardini, einem jüngeren Zeitgenossen von Niccolò Machiavelli, dem fälschlicherweise diese Wortschöpfung zugeschrieben wird. Der Florentiner prägte jedoch für lange Zeit einen bestimmten Sinngehalt dieses Wortes. Er lehrte: Die Bewahrung der Macht im Staat ist das höchste Ziel, das sich der Politiker setzen kann. Wo dieses Ziel gefährdet erscheint, ist kaum Raum

für Erwägungen, die anderen Wertordnungen angehören. Im Konfliktfall, wenn die Machtinteressen in einen unlösbaren Widerspruch zu ethischen und rechtlichen Normen treten, wenn sich die politische Stellung nicht halten läßt, ohne daß man den Geboten der Religion, der Sittlichkeit und des Rechts zuwiderhandelt, gebührt dem Gedanken der Staatsraison der Vorrang, nämlich dem Machterhalt.
Die von Machiavelli verkündete neue politische Wertordnung entlastete den im Gewissenskonflikt stehenden Politiker und forderte geradezu, daß er sich, wenn notwendig, gegen die Bindungen von Recht und Moral entschied.
Das ist die machiavellistische Sicht der Staatsraison. Man kann den Begriff »Staatsraison« aber auch anders deuten. Der Historiker Friedrich Meinecke formuliert in seiner Abhandlung »Das Wesen der Staatsraison«: »Staatsraison ist die Maxime staatlichen Handelns, das Bewegungsgesetz des Staates. Sie sagt dem Staatsmanne, was er tun muß, um den Staat in Gesundheit und Kraft zu erhalten.«*
Was macht die Staatsraison der Bundesrepublik Deutschland aus? Kann man sie gegen Niccolò Machiavelli positiv formulieren? Aus den Bestimmungen des Grundgesetzes in Art. 1; 20; 28 (1) und 79 (3) lassen sich folgende Merkmale der Staatsraison entnehmen:

- Die Würde des Menschen und die sich daraus herleitenden Menschenrechte haben als Grundlage jeder menschlichen Gemeinschaft vorstaatlichen Charakter und als anthropologische Aussagen vorpolitischen Charakter; sie sind bindende Wertaussagen für unsere staatliche Ordnung.
- Als Prinzipien dieser Ordnung gelten:

* Meinecke, Friedrich: Das Wesen der Staatsräson, in: Der Staat — Dokumente des Staatsgedankens von der Antike bis zur Gegenwart, hrsg. v. Rudolf Weber-Fas, zweiter Band, Pfullingen 1977, S.310.

die republikanische Staatsform
die parlamentarische Demokratie
das Rechtsstaatsprinzip
das Sozialstaatsprinzip
das Bundesstaatsprinzip.

Diese Merkmale machen die Staatsraison unserer Republik aus. Als Verfassungsprinzipien kennzeichnen sie die politische Ordnung der Bundesrepublik Deutschland als demokratischen Rechts- und Sozialstaat.
Das Bundesverfassungsgericht hat in einem Urteil diese konstitutiven Elemente unseres politischen Selbstverständnisses inhaltlich näher bestimmt und in einem Minimalkatalog festgehalten.*
Der Begriff Staatsraison läßt sich noch weiterentwickeln. Unser Gemeinwesen versteht sich als pluralistische Demokratie. Der Pluralismus ist ein Prinzip unseres politischen Selbstverständnisses. Seine Merkmale sind,

— daß er die Vielfalt der weltanschaulichen Interessen und Auffassungen als legitim betrachtet;
— daß er das Gemeinwohl nicht als eine feststehende Größe versteht, sondern als eine dynamische Idee, die inhaltlich mit unterschiedlichen Gehalten zu füllen ist, die wiederum Gegenstand der Auseinandersetzung pluralistischer Kräfte sind;
— daß sich die Gesellschaft in einem ständigen Spannungsfeld zwischen legitimen Konflikten und notwendigem Konsens befindet; die Übereinstimmung erstreckt sich im Idealfall auf Mindestinhalte und auf wichtige verfassungs- und verfahrensmäßige Grundsätze.

* §BVerfGE 2, 12f. Entscheidungen des Bundesverfassungsgerichts zitiert nach Bandnummer und Seitenzahl der amtlichen Sammlung.

Aus diesem systemimmanenten Interessenpluralismus unseres Gemeinwesens ergibt sich, daß der parteipolitische Konkurrenzkampf um Machtanteile ein notwendiges und damit wesentliches Merkmal unseres demokratischen Gemeinwesens ist. Die Konkurrenzkämpfe zwischen den Parteien können daher nicht so harmonisch und ergreifend sein wie Darbietungen vom Männergesangverein »Harmonie«.

Staatsraison — Parteiraison

Das Wort »Partei« stammt vom lateinischen »pars« und bedeutet Teil. So besagt schon der Begriff »Partei«, daß diese niemals Selbstzweck sein kann, sondern als Teil immer dem Ganzen zu dienen hat. Ein Teil ist nie das Ganze. An diese Binsenwahrheit muß man die »Partei«-Politiker immer wieder erinnern. Parteien sind nicht mehr und nicht weniger als Gruppen von Staatsbürgern, die sich aus politischen Gründen zusammenschließen und sich durch ihre Einstellung und Zielvorstellungen von gleichgearteten Gruppen unterscheiden. Parteien haben in einer Demokratie immer eine Dienstfunktion. Die von den Parteien gestellten Bundespräsidenten und Bundeskanzler, Bundesminister und Ministerpräsidenten, Landesminister und Mandatsträger in den Kreisen und Kommunen haben eine Dienst-, nicht eine »Selbstbedienungsfunktion«. Wie die etablierten Parteibarone, -grafen und -herzöge sich selbst bedienen, haben Erwin und Ute Scheuch in ihrem Buch »Cliquen, Klüngel und Karrieren«* am Beispiel der Kölner Rathauspolitiker für alle Parteien ausführlich beschrieben.

* Erwin K. und Ute Scheuch: Cliquen, Klüngel und Karrieren — Über den Verfall der politischen Parteien — eine Studie, Hamburg 1992, 183 S.

Betrachtet man das Auftreten und Gebaren mancher CDU-Politiker, dann hat man den Eindruck, daß sie mehr an ihre eigene soziale Frage denken — diese auch meistens lösen — als an die Erfordernisse des Ganzen, des Staates. Dieses Phänomen ist selbst bei höchsten Repräsentanten unseres Staates zu beobachten. In der CDU zeigt sich dies — und nicht nur in dieser Partei — bei den Abgeordneten der alten und auch der neuen Länder bereits unmittelbar nach ihrem Einzug in den Bundestag.

Keine Alternative?

Die Mandatsträger neigen dazu, ihre individuellen Standpunkte zu dogmatisieren, und vergessen dabei, daß viele politische Entscheidungen Zweckmäßigkeits- oder Ermessensentscheidungen sind, für die es immer verschiedene Lösungen gibt. Diese Feststellung gilt für alle Fragen der inneren Sicherheit oder der Regelung des Asylproblems. Nehmen wir ein relativ harmloses Beispiel aus der Vergangenheit: das Vermummungsverbot. Soll es juristisch nur als Ordnungswidrigkeit bewertet oder generell als Strafbestand im Strafgesetzbuch verankert werden? Sachkundige Polizeibeamte beurteilten diese Frage unterschiedlich. Die einen meinten, daß die bestehenden Gesetze ausreichen und nur richtig angewendet werden müßten, andere plädierten für eine generelle Verankerung des Vermummungsverbots im Strafgesetzbuch.
Die bornierten Feststellungen mancher Politiker, die zu Sachfragen ihre Meinung äußern und pathetisch behaupten: »Dazu gibt es keine Alternative«, offenbaren nur die Beschränktheit ihres Denkens. Für zu lösende Probleme gibt es fast immer Alternativen.

Die Politiker, ganz gleich, welcher Partei, sollten nicht so tun, als wären die Mitmenschen, die ihre Auffassung nicht teilen, dümmer als sie oder schlechtere Demokraten.

Gegen Besserwisser

Viele Kritiker des Bundeskanzlers und der Regierungspolitik vergessen, daß Kohl als Kanzler einer Koalitionsregierung mit der CSU und der FDP vorsteht. Die politischen Ziele müssen zwischen den Koalitionspartnern ausgehandelt werden, bis ein Ergebnis erzielt ist, dem alle zustimmen. In der politischen Auseinandersetzung kann man ohne einen Kompromiß nicht auskommen. Daß bei der Suche nach einem Kompromiß die Parteien ihre Forderungen mal laut, mal leise durchzusetzen versuchen, gehört zum normalen politischen Spiel der Kräfte.
Die Parteiraison darf indes nicht so weit gehen, daß nur die Parteiinteressen das Leitmotiv des politischen Handelns sind. Wenn dies geschieht, dann wird das Gemeinwohl dem Parteiinteresse untergeordnet. Über Maß und Einsatz politischer Kampfmittel befindet dann die Parteiraison, die von bloßen Nützlichkeitserwägungen ausgeht. Das für die eigene Parteiklientel Nützliche darf aber nicht um jeden Preis politisch gefördert werden, besonders nicht in Wahlkämpfen.
Jede Partei hat den Erfordernissen des Ganzen zu dienen, d.h., sie muß sich dem allgemeinen Wohl unterordnen; sie hat Staatspolitik zu betreiben. Die Parteipolitiker dürfen und müssen sich über den richtigen Weg streiten, nur: Die Auseinandersetzungen müssen fair geführt werden:
Für die Goldene Regel maßgebend ist:

> »Alles, was ihr wollt, daß euch die Leute tun, das sollt auch ihr ihnen tun.«

Schwere Wahlschlappen

Die Bundestagswahl 1990 wurde von der Koalition gewonnen. Die Ergebnisse der folgenden Landtagswahlen in Hessen, Rheinland-Pfalz, Hamburg, Schleswig-Holstein und Baden-Württemberg waren für die Union katastrophal, der Wahlsonntag des 5. April 1992 ein Menetekel für CDU und SPD. Große Teile der Wählerschaft zweifelten an der Fähigkeit der Koalition, schwierige Probleme lösen zu können, und brachten mit dem Stimmzettel ihre Unzufriedenheit zum Ausdruck. Unmittelbar nach den Niederlagen des Aprilsonntages wurde der Ruf nach einer großen Koalition wieder einmal erhoben. Kohl wies sie zu Recht zurück. Eine große Koalition in Bonn wäre noch schwerfälliger und teurer als die jetzige Bundesregierung. Sie würde zudem nur die extremen Ränder des politischen Spektrums stärken.

Die Wahlniederlagen können nicht allein der Bundesregierung angelastet werden. Die Ankläger in den Kommunen, Kreisen und Ländern sollten sich selbst prüfen und kritisch überlegen, welche Fehler sie gemacht haben oder auch noch machen.

Nach wie vor ist die CDU eine kraftvolle Partei in der Bundesrepublik, dies aber nicht als Folge von gleichwohl unbestreitbaren Leistungen der Regierung Kohl, sondern eher verursacht durch den miserablen Zustand der SPD, deren Wählbarkeit lediglich auf diffusen Gefühlen beruht und nicht auf soliden politischen Konzeptionen oder herausragenden Persönlichkeiten.

Saisonale Mehrheiten

Die Zukunft der CDU wird, geht man von den Wahlergebnissen von 1990 aus, in den neuen Ländern entschieden. Mit Ausnahme von Brandenburg konnte die CDU dort allein oder mit der FDP die Landesregierungen bilden. Die Zahl der Parteimitglieder ist dagegen äußerst gering, die wenigen sind oft noch belastet durch ihr Engagement in der alten CDU-Blockpartei. Die CDU-Mandatsträger in den Kommunal- und Kreisparlamenten arbeiten nicht immer effektiv, die Parteigeschäftsstellen sind nicht immer mit tüchtigen Mitarbeitern besetzt. Es ist für die Partei schwer, geeignete Männer oder Frauen zu finden. Zahlreiche der zwischen 1989 und 1990 in die CDU Eingetretenen haben ihre Mitarbeit eingestellt. In den Führungsgremien sitzen noch zu viele »Blockflöten«, die eine personelle Erneuerung verhindern. Darunter leidet das Erscheinungsbild der Partei. Für die CDU wird sich das negativ auswirken.

Abgehakt?

Vor Beginn der parlamentarischen Sommerpause 1992 erledigte die Bundesregierung, wenn auch unvollkommen, die selbstgesetzten Aufgaben: Pläne zur Pflegeversicherung nehmen Gestalt an, und Gesetze gegen die organisierte Kriminalität sowie der Bundeshaushalt 1993 mit einer Beschränkung des Wachstums auf 2,5% wurden verabschiedet, die Privatisierung der Bundesbahn wurde eingeleitet.
Aus der Sicht der Regierung sah die Zwischenbilanz vor den Parlamentsferien im Sommer 1992 positiv aus, weniger gut bis skeptisch beurteilten den Zustand der Regierung die Parlamentsjournalisten und die Wähler.

Präsidiale Schelte

Im Frühjahr und Sommer 1992 verstärkte sich die immer schon vorhandene Kritik an den politischen Parteien. Die Journalisten beschäftigten sich beruflich bedingt mit Mißständen. Sie werden zu Unrecht dafür gescholten. Wenn Fehlentwicklungen festzustellen sind, müssen sie darüber berichten. Das ist ihre Pflicht. Ob diese Berichterstattung immer die »richtige Mitte« einhält, ist freilich manchmal zweifelhaft.
»Für das Vaterland beide Hände, aber nichts für die Parteien.« Dieser Spruch stand auf einer Gedenkmünze zur Erinnerung an die Wahl des Reichspräsidenten Paul von Hindenburg im Jahre 1925. An diesen Spruch wird man erinnert, wenn man die Parteienschelte des Herrn Bundespräsidenten sehr erstaunt zur Kenntnis nimmt. Hat er sich das Urteil von Paul von Hindenburg zu eigen gemacht?
Die Äußerungen Richard von Weizsäckers waren schon bemerkenswert. Zum erstenmal in der Geschichte der Bundesrepublik kam es aufgrund der präsidialen Feststellungen zu einer öffentlichen Kontroverse zwischen Bundespräsident und Bundeskanzler. Helmut Kohl konterte in der »Welt am Sonntag«. Der Name des Bundespräsidenten wurde nicht genannt, aber jeder wußte, wer gemeint war. Kohl verwies auf den ersten Bundespräsidenten Theodor Heuss und den Sozialdemokraten Carlo Schmid aus der Gründer-Generation, um Weizsäckers Parteienschelte zurückzuweisen. Beide hatten die Rolle starker Parteien in der Demokratie betont und den einfachen Bürger gelobt, der sich in den Parteien engagiert, um seine »kleinen Pflichten« zu tun. Indirekt unterstellte Kohl dem Bundespräsidenten, daß er die »Parteienverachtung schüre«.
Von Weizsäckers Äußerungen erhielten Zustimmung, aber viele SPD- und FDP-Politiker hielten seine Kritik für überzogen.

Der frühere Berlin-Senator und heutige Bundesarbeitsminister Norbert Blüm reagierte noch schärfer: »Auch Kaiser Wilhelm kannte keine Parteien mehr...« Der Kolumnist Peter Boenisch warf von Weizsäcker politische Fehleinschätzungen vor: »In den Tagen der Einheit war der Präsident kein Glücksfall, sondern einfach ein sich irrender Mensch oder ein sich irrender Politiker, der nun anderen dieser Zunft weniger gravierende Fehler vorwirft«.
Richard von Weizsäcker scheint vergessen zu haben, daß er durch die Förderung von Helmut Kohl die Chance bekam, als Seiteneinsteiger ein Bundestagsmandat in Rheinland-Pfalz zu erhalten.
Die Stellungnahme von Weizsäckers wirft die Frage auf nach der Rolle des Bundespräsidenten. Weizsäcker ließ sich als der politischste aller bisherigen Bundespräsidenten beschreiben. Das mußte zum Konflikt mit dem die Richtlinien der Politik bestimmenden Kanzler führen.*
Warum werden die Parteien in Deutschland noch immer so negativ beurteilt? Kritisieren oder Mahnungen auszusprechen, ist immer leicht. Der derzeitige Bundespräsident beherrscht dieses Metier besonders gut. Selbst wenn er nur Banalitäten verkündet, werden sie vom geneigten Publikum aufgenommen wie eine geheime Offenbarung.
Es ist viel schwerer, Mehrheiten zu bilden, sie in einer Koalition zusammenzuhalten, Kompromisse zu schließen, den Blick für das Machbare zu bewahren. In der CDU/CSU kann dies zur Zeit nur Helmut Kohl. Wolfgang Schäuble vermag es nicht. Er polarisiert die Bundestagsfraktion.
Bundespräsident Richard von Weizsäcker setzte sich mit seinem populistischen Buch an die Spitze der Politikraisoneure. Mit dieser Stellungnahme verspielte er den Respekt, der einem Bundespräsidenten gebührt. Ein solches Buch hätte ein

* Vgl. dpa 166, bas 193 4 265.

Mann nicht veröffentlichen dürfen, der nur durch die CDU und mit Hilfe von Helmut Kohl seine politische Karriere gemacht hat und durchaus Sinn für Macht besitzt.
Einseitige Parteikritik ist die große Mode. Die Kritik an den politischen Parteien trägt dazu bei, die Parteiverdrossenheit zu schüren. Vergessen wird von vielen Kritikern, daß der Aufbau unserer Republik und auch die Wiedervereinigung Deutschlands ohne Parteien nicht möglich gewesen wäre. Seit dem Kriegsende haben sich Tausende von Frauen und Männern in Bund, Ländern und Gemeinden für unseren Staat engagiert. Kaum ein gutes Wort hört man über die Leistungen der Politiker in den Dörfern, Städten, Kreisen, Ländern und beim Bund.
Die Bürger überfordern die Politiker, die auch nur Menschen unserer Gesellschaft sind, mit allen Stärken und Schwächen. Sie sind nicht besser und schlechter als Unternehmer, Diplomaten, Fernseh- und Zeitungskommentatoren, Bischöfe oder Gewerkschaftler.
Was die einzelnen Bürger nicht leisten können oder wollen, das vermögen auch die Politiker nicht zu leisten. Genies sind sie alle nicht, aber fleißige und solide Arbeiter. Eine 35-Stunden-Woche kennen sie nicht, und sie haben auch weniger Urlaub als Lehrer oder Professoren. Das moralisierende Geschwätz über die Politiker ist ungerecht. Natürlich begehen sie Fehler, sorgen für sich selbst, sind nur dann so peinlich moralisch, wenn sie den politischen Gegner bloßstellen können.
Das Unbehagen an den Parteien verursachen ihre Mandatsträger zu einem Großteil selbst. Die schlechten Beispiele von Uwe Barschel oder Oskar Lafontaine, die finanzielle Selbstbedienung, provozieren geradezu Kritik und fördern die Parteienverdrossenheit. Damit erweisen die politischen Parteien unserer Demokratie einen Bärendienst. Die repräsentative Demokratie lebt von der Glaubwürdigkeit ihrer Vertreter!

Große Leere

Wie sieht es in anderen Lebensbereichen aus? Gibt es etwa in der zeitgenössischen Philosophie, Theologie, Nationalökonomie, in den Sozialwissenschaften, originelle Denker? Nein! Gibt es kühne Entwürfe in irgendeiner dieser Disziplinen? Ist Neuland zu entdecken? Nein! In den Geisteswissenschaften hat man sich weitgehend dem Sammeln, Archivieren und dem Systematisieren verschrieben. Die weltpolitische und geistesgeschichtliche Bedeutung des Zusammenbruchs der Sowjetunion und ihrer Satelliten, das Fiasko des realexistierenden Sozialismus, das Aufkommen neuer Nationalismen in Ost- und Südosteuropa sind noch nicht verarbeitet.
In der deutschen Gegenwartsliteratur sucht man vergeblich nach einem sprachlich und inhaltlich mitreißenden Schriftsteller. Die großen Romanciers unserer Zeit stammen nicht aus Deutschland. Die bundesrepublikanischen Literaten sind mehr moralisierende Kritikaster oder nörgelnde Besserwisser ohne politischen Sachverstand à la Günter Grass und wirtschaftspolitische Analphabeten.
Wir brauchen Visionen für die Politik. Was fehlt, sind charismatische Persönlichkeiten in den Parteien. Utopien und Visionen werden verlangt.
Die Beliebtheit eines Politikers oder einer Politikerin, angezeigt durch Meinungsumfragen, besagt noch nicht viel. In den letzten Jahren waren — Genscher blieb die Ausnahme — die beliebtesten Politiker der CDU machtpolitische Schwachmatiker, Gschaftlhuber oder opportunistische Schönschwätzer/innen. Ob sie der CDU Wähler bringen, ist äußerst zweifelhaft.

Ist die Lage tatsächlich so schlecht?

Die Hälfte der 12. Legislaturperiode des Deutschen Bundestages ist vorbei. Wie ist die Lage der stärksten Regierungspartei, der CDU? Auf jeden Fall besser als es die Pessimisten in der eigenen Partei oder ihre Gegner darstellen.
Bei der Beobachtung der sogenannten öffentlichen Meinung, besonders aber der Meinungsumfragen, zeigt sich ein erstaunliches Phänomen: Die Aussagen der Auguren in den Meinungsforschungsinstituten werden so gläubig zur Kenntnis genommen wie die Prophezeiungen der Wahrsager oder des Orakels von Delphi. Jede Partei hält sich ja auch ihren eigenen Hofastrologen.
Untersucht man nämlich das politische Verhalten zahlreicher CDU-Politiker/innen, so ist der Befund: Kurzatmigkeit, intellektuelle Anbiederei an schnell vergehende Moden, hektische Übernahme ungeprüfter Ideen.
Anpassung und höchste Flexibilität ist für zahlreiche CDU-Politiker/innen kennzeichnend. Sie irren sich, wenn sie glauben, daß sich die brillanten Ideen von Professoren, Literaten oder journalistischen Zeitgeistsurfern in Politik umsetzen lassen.

Inkompetente Oberlehrer

Die Schüler erhielten mit Beginn der Sommerferien 1992 ihre Zeugnisse. Ob die Noten für ihre Leistungen immer gerecht waren, bestreiten sie vielleicht. Immerhin haben die Lehrer Maßstäbe, um die Leistungen der Schüler beurteilen zu können.
Zu Beginn der Parlamentsferien stellten mehrere Unternehmer und ein Journalist, gleichsam als politische Oberlehrer,

der Regierung Zeugnisse aus. Die notorischen Besserwisser aus Wirtschaft und BILD verteilten Noten an die Regierung. Mit der Note »mangelhaft« bewertete Hans-Peter Stihl, Präsident des Deutschen Industrie- und Handelstages (DIHT), ihre Arbeiten. Graf Nayhaus, Bonner Bildkorrespondent, wußte es noch besser: »Kanzler, Außenpolitik 1–2, Innenpolitik 4«. Nach welchen Kriterien werden solche Noten vergeben? Die selbsternannten Politmagister schwiegen sich darüber aus. Sie vergessen immer schnell die Verdienste von Politikern — besonders des Kanzlers — und der Parteien. Für ein Boulevardblatt ist solch eine Noten-»Schlagzeile« noch als amüsant hinzunehmen und vom Metier her zu verstehen, die Unternehmer sollten bescheidener sein und sich nicht so aufplustern. Wenn man an bestimmte Unternehmen, ob geleitet von Eigentümern oder Managern, Noten verteilen würde, dann wären diese für manche Wirtschaftsgröße genügend bis mangelhaft. Mit wenigen Ausnahmen sind Wirtschaftsführer, bei aller unternehmerischer Tüchtigkeit, politische Ignoranten.

Im August veröffentlichte Allensbach eine für die Zeitschrift CAPITAL durchgeführte Untersuchung »Zehn Jahre Regierung Kohl«. In 15-Minuten-Telefon-Interviews wurden 674 Spitzenleute aus Wirtschaft, Politik und Verwaltung befragt. Immerhin sehen die Führungskräfte in den letzten zehn Jahren fast einhellig mehr Erfolge als Mißerfolge in sechs Bereichen: »Einigung Europas, Umweltschutz, Deutschlands Position im Ausland, Preisstabilität, Schaffung neuer Arbeitsplätze, Verwirklichung der sozialen Sicherheit.«

In fünf Bereichen »überwiegen noch immer die Erfolge die Mißerfolge«: Privatisierung der westdeutschen Staatsbetriebe, Stabilisierung der öffentlichen Finanzen, Verbesserung der Situation der Familie, Verwirklichung der sozialen Gerechtigkeit, Forschungspolitik.

Als Mißerfolge werden bewertet: Abbau der Subventionen, Bekämpfung der Kriminalität, Energiepolitik.
»Überwiegend als Erfolge« eingestuft werden die Renten- und Postreform. Die Steuerreform wird vor allem von der Wirtschaft als Mißerfolg beurteilt und als die »größte Enttäuschung« die Gesundheitsreform.
Da im Allensbacher Institut »nur drei leitende Personen« die Namen, »die strengstem Datenschutz unterliegen«, kennen, kann man nur mit tiefster Wissenschaftsgläubigkeit die Daten zur Kenntnis nehmen oder sich köstlich amüsieren. Was einem doch nicht alles so zugemutet wird!
Wer sind diese zur »Elite« hochstilisierten Zeitgenossen? Würde man ihre Namen kennen und die Unternehmen, die sie leiten, dann könnte man die von CAPITAL in Auftrag gegebene Untersuchung — die besser als Werbegag zu betrachten ist — bewerten und ernstnehmen. Dies fällt jedoch schwer, wenn man den Werbevorspann liest. Schon die Überschrift »Europas exklusivste Umfrage« zeugt von der Geschäftstüchtigkeit der Allensbacher. Wo waren die 127 »hochkarätigen« Chefs von »Unternehmen mit mehr als 1000 Beschäftigten«, die Herren im »Vorstandsrang«, die Inhaber von Unternehmen bei den Tarifauseinandersetzungen mit den Gewerkschaften? Beim leichtesten gewerkschaftlichen Druck knickt die Wirtschaftselite ein, findet Kompromisse. Daß hochkarätige Helden aus dem Arbeitgeberlager nicht unbedingt an der Tariffront zu finden sind, ist nicht so erstaunlich. Ähnlich verhält es sich mit den Politikern und den Verwaltungsspitzen. »Aus der Politik sind 27 Ministerpräsidenten sowie Minister dabei, 54 Staatssekretäre, 13 Parlamentspräsidenten, 31 Fraktions- und Parteivorsitzende«. Flectate genua! Beuget die Knie, ihr gewöhnlichen Stammtischpolitiker, die via Allensbach verkünden, was in kölschen Kneipen zu hören ist. Diese Untersuchung ist eine Lachnummer.

Wo leben diese Leute? Was können sie? Am besten würden die Allensbacher auch noch die Schwiegermütter dieser Elite auf dem Golfplatz befragen, dann würde sich das Bild abrunden.

Warum billigen die Unternehmer der Regierung nicht Kompromisse zu, die sie selbst immer wieder bei Tarifverhandlungen mit den Gewerkschaften schließen? Tarifverträge, die nicht von Arbeitgebern unterschrieben sind, gibt es nicht.

Glauben die Bosse, daß die Wirtschafts- oder Finanzpolitik der SPD oder einer Regenbogenkoalition gerechter und besser sein würde? Sie täuschen sich. Der Nichtökonom Kohl hat in seiner Regierungszeit mit seinem Kabinett eine stabilere und solidere Wirtschaftspolitik betrieben als ein Hamburger »Welt«-und-»Zeit«-Ökonom Helmut Schmidt, der aufgrund seiner markigen Reden von vielen Industriellen maßlos überschätzt wurde und wird.

Im September 1982 wurde Helmut Kohl Bundeskanzler. In den zehn Jahren seiner Kanzlerschaft stieg das reale Bruttosozialprodukt um 28,5 Prozent. Nach vorsichtigen Schätzungen, ob sie stimmen, ist schwer zu beurteilen, ist 1992, auf ganz Deutschland bezogen, mit einem Wachstum von zwei bis zweieinhalb Prozent zu rechnen — rund 1,5 Prozent in den alten und etwa acht bis zehn Prozent in den neuen Bundesländern. Eine Leistung, die viele nicht anerkennen.

2

Die Konditionskrise der CDU

Überalterte Partei
Nicht repräsentativ
Verbale Kraftmeierei
»Im Gespräch«
Ernüchternde Wirklichkeit
Mitgliederschwund
Mittelmäßige Vorstände
»Bürgernah — für alle da«?
Die Vereinigungen
Fehleinschätzungen
Geistig-moralische Wende?
Unbehagen an der CDU
Mätzchen
Schöpferische Kraft
Aktivitätsauslese
Zwei Trends
Republikaner und Grüne
Persönlichkeiten — Programme
Führungskriterien
Kronprinzendebatte
Zwischenbilanz
Die Zukunft gestalten
Prognosen haben ihre Grenzen

Zu behandeln ist hier der innere Zustand der CDU. Ist sie eine Dienstleistungspartei für den Bürger? Diese Frage kann man allen Parteien stellen, also auch der CSU, SPD und FDP. Bundeskanzler Helmut Kohl, von der Hamburger Medien-Connection — Spiegel, Stern, Zeit — als Aussitzer diffamiert und unterschätzt, hat 1989—1990 durch sein entschlossenes Handeln den deutsch-deutschen Einigungsprozeß durchgeführt. Kohl engagierte sich damals mit allen Risiken, der Bundespräsident hielt sich — wie immer — tapfer zurück. Die nationale und internationale Lage verlangte schnelle Beschlüsse und entschiedenes Handeln. Der Kanzler handelte und entschied richtig. Die Politiker hatten damals keine Zeit, tiefschürfende Analysen zur weltpolitischen und innerdeutschen Lage anzustellen. Von den Politik-, Finanz- oder Wirtschaftsgelehrten, von Industriellen, Journalisten und Bischöfen konnten sie keine Ratschläge erhalten, wie eine zentrale Verwaltungswirtschaft in eine marktwirtschaftliche Ordnung einzugliedern sein. Heute, knapp drei Jahre nach der Wiedervereinigung, sind alle klüger, in den Kapiteln vier (Wirtschaftspolitik) und fünf (Sozialpolitik) wird diese Problematik behandelt werden. Im Sommer 1992 ist eine Analyse der Lage nur bedingt möglich. Bedingt: Es gibt wahrscheinlich immer noch unbekannte Risiken, deren Auftauchen ministerielle und wissenschaftliche Pläne über Nacht zur Makulatur machen können.

Daß Kohl mit seinem Kabinett den NATO-Doppelbeschluß, eine Steuer- und Krankenkassenreform durchsetzte, ist ver-

gessen. Reformen, die der SPD-Kanzler Helmut Schmidt nicht schaffte, aber in der Kritik an seinen Nachfolger ist er von einer unerträglichen Besserwisserei und Arroganz.
Die Aufgaben der CDU im innerdeutschen Einigungsprozeß werden stark beeinflußt von psychologischen und wirtschaftlich-sozialen Faktoren in den alten und neuen Ländern sowie vom Zustand der CDU.

Überalterte Partei

Volker Rühe, damals Generalsekretär der CDU, bezeichnete die innerparteiliche Lage der CDU als »teilweise katastrophal«. Wie ist der Befund? In der CDU herrscht eine parteipolitische Gerontokratie.
Die CDU ist stark überaltert. Die folgenden Zahlen stammen aus dem Bericht der Bundesgeschäftsstelle* zum 3. Parteitag der CDU im Oktober 1992.
— Ein Vergleich der Altersstrukturen der Mitglieder der CDU Deutschlands ergibt folgendes Bild:

Alter	gesamt	alte Länder	neue Länder
—24 J.	2,2%	2,2%	2,5%
25—29 J.	3,9%	3,6%	6,1%
30—39 J.	12,8%	11,4%.	21,2%
40—49 J.	21,6%	21,4%.	22,8%
50—59 J.	28,3%	29,4%	21,4%
60—69 J.	17,7%	18,4%	13,8%
ohne Angaben	0,4%	0,4%	0,2%

* Vgl. Bericht der Bundesgeschäftsstelle, Anlage zum Bericht des Generalsekretärs, 3. Parteitag der CDU Deutschlands, Düsseldorf 25.—28. Oktober 1992, 86—88.

Das Durchschnittsalter aller CDU-Mitglieder »beträgt 52,2 Jahre. Unterscheidet man die Altersgruppen-Statistik nach dem Geschlecht, ergibt sich bei den Männern ein um ca. 1,0% höherer Anteil bei den 50- bis 59jährigen, bei den Frauen ist der Anteil der über 70jährigen um ca. 5% höher als in der Gesamtstatistik. Das Durchschnittsalter bei den Frauen liegt bei 53,1% und das der Männer bei 51,9 Jahren.«*
Wie sieht es vor Ort aus?
22% der Ortsverbände haben nicht ein Mitglied unter 30 Jahren und 3,6% = 304 Ortsverbände nicht einmal ein Mitglied unter 40 Jahren.
In den Reihen der Funktions- und Mandatsträger sieht es noch schlimmer aus.

— 80,8% der CDU-Kreisvorsitzenden sind Männer, 54,5% von ihnen sind älter als 50 Jahre.
— 87,2% der Landtagsabgeordneten sind Männer, 63% von ihnen sind älter als 50 Jahre.
— 88,5% der Kreistags-, Stadt- und Gemeinderatsmitglieder sind Männer, 65,6% von ihnen sind älter als 50 Jahre.

Die Männer sind also stark überrepräsentiert. Der Essener Frauenparteitag, von Heiner Geißler als der große Schritt nach vorn gepriesen, hat den Anteil der Frauen in der CDU nicht erhöht. Was will die CDU dagegen tun? Anscheinend ist die vielgerühmte Ausstrahlungskraft von Frau Süssmuth auch nicht so stark, daß sie junge Frauen anzieht. Ihre Frauen-Union ist ebenfalls hoffnungslos überaltert.

* Vgl. a. a. O. 87.

Nicht repräsentativ

Die große Zahl der überwiegend älteren Männer und Frauen steht in einem Gegensatz zur allgemeinen Bevölkerungsstruktur. Die junge und mittlere Generation fühlt sich weitgehend in Partei und Parlamenten nicht repräsentiert. Bei der Aufstellung von Kandidaten müssen jüngere Frauen und Männer berücksichtigt werden, die Identifikationsmöglichkeiten für ihre Generation bieten.
Die Gremien für die Aufstellung von Kandidaten sind so etwas wie geschlossene Gesellschaften von Aktivisten, die das normale Parteimitglied und den Wähler kaum berücksichtigen.
Haben eigentlich die heutigen führenden Frauen und Männer vergessen, wie alt sie waren, als sie führende Positionen in der Union übernahmen? Helmut Kohl wurde mit neununddreißig Jahren Ministerpräsident, seine Ministermannschaft war jung. Heinrich Köppler begann mit 44 Jahren die nordrhein-westfälische Union zu einigen und erfolgreich zu führen.
Wo sind heute die politischen Nachwuchskräfte zwischen 30 und 40 Jahren in der Riege der Fraktionsgeschäftsführer oder parlamentarischen Staatssekretäre? Die meisten Bürger kennen sie nicht, bis auf einige Ausnahmen sind sie überflüssig und kosten nur Geld. Dazu werden sie von den beamteten Staatssekretären und den höheren Beamten nicht für voll genommen.
Sichtet man die Reihen der Politiker aller Parteien, dann vermißt man oft geistige Unabhängigkeit, Urwüchsigkeit oder gar Originalität, von der Beibehaltung des aufrechten Gangs einmal ganz abgesehen. Anpassen, nicht anecken bei der Fraktions- oder Parteiführung, lautet die Parole. Aber dieses Verhalten findet sich in allen sozialen Gruppen, z. B. in Klöstern, Zeitungs-, Rundfunk- oder Fernsehredaktionen.

Verbale Kraftmeierei

Alle politischen Parteien spiegeln in ihren handelnden Akteuren einen Phänotypus wider, der kaum eine Rückkoppelung im allgemeinen gesellschaftlichen Leben hat. Die oft beklagte Bürgerferne der Politiker in Bonn, in den Land- und Kreistagen, in den Kommunalparlamenten hat dazu geführt, daß sich die Bürger von den meisten Politikern nicht vertreten und verstanden fühlen. Viele Volksvertreter sprechen oft ein Politkauderwelsch, das die Menschen langweilt. Die Probleme der Abgeordneten sind in der Regel nicht identisch mit den Sorgen der Menschen, die sie repräsentieren sollen.
Ein sehr gutes Beispiel für die gestelzte, abgehobene, kraftmeierische Sprache findet sich in einem Interview* des neuen Generalsekretärs der CDU, Peter Hintze. Auf die klaren und gescheiten Fragen der Journalisten antwortete er nichtssagend. So z. B.: »Wir müssen zu den Menschen gehen!« Wo war die CDU denn bisher? Im Zoo? Die Wahlverluste der CDU erklärte der »General« mit »einem Erklärungsdefizit«. Nein so etwas! Könnte es nicht auch an den handelnden Personen liegen? Dem »Erklärungsdefizit müssen wir entgegentreten«. Frage: Wie tritt man gegen ein Defizit an? In den neuen Ländern will er »eine Aktion« starten, »um die Politik auf allen Ebenen transparenter zu machen und mit dem Bürger intensiv ins Gespräch zu kommen«. Wenn die CDU-Vertreter das bisher nicht konnten, warum sollen sie es dann zukünftig können? Soll sich die CDU von einer Volkspartei zu einer Dienstleistungspartei wandeln? Originalton Hintze: »Mit Sicherheit nicht! Ich trete massiv dafür ein, die Konzeption der Volkspartei beizubehalten.« Von einer wirtschaftlichen Kompetenz der CDU spricht er nicht. Verständlich, die ist ja auch in der Bundestagsfraktion nicht vorhanden. Will

* Vgl. UNION — Das Magazin CDU Deutschlands, Nr. 2 (Mai—Juni) 1992, S. 10 u. 11.

den. Will er, wie Geißler, aus der CDU eine bessere SPD machen, quasi eine parasozialistische Partei? Neben seinem »massiven« Eintreten für die Volkspartei CDU verlangt Hintze »eine Offensive des Verstehens«, will die »Großstadtkompetenz« stärken und eine »Euro-Kampagne« planen.
Im Hochsommer 1992 traf das »Forsa«-Gutachten die Kölner CDU »wie ein Hammer«, erklärte der CDU-Fraktionschef Albert Schröder nach der Veröffentlichung. Ganze 14% der vom »Forsa«-Institut befragten Kölner Bevölkerung halten die CDU für kompetent.
Was man auch immer darunter verstehen mag, der CDU-»General« sollte einmal erklären, was die »Großstadtkompetenz« der CDU in Köln und in den anderen Großstädten ausmacht? Konsequenterweise müßte es dann ja auch eine »Kleinstadt- und Dorfkompetenz« geben.

»Im Gespräch«

Seine politisch-geistige Originalität offenbarte Hintze einer erstaunten Öffentlichkeit in der Sendung »Im Gespräch« im Bayerischen Fernsehen am 6. Mai 1992. Die Fragen stellte Martin Lohmann.

LOHMANN: »Sie sind nun Chef des Adenauer-Hauses in Bonn. Die CDU ist aber seit langem, so hat man den Eindruck, auf der Suche — manchmal verkrampft — nach einer unverwechselbaren Identität. Ihr Vorgänger hat einmal gesagt: Deutschland wird östlicher und protestantischer. Wird nun die CDU christlicher?«

HINTZE: »Ich glaube, das braucht sie nicht. Man muß auch aufpassen. Ich möchte gar nicht sagen, daß die CDU christlicher ist als irgendeine andere Partei. Der Unterschied zwischen der CDU etwa und der SPD besteht nicht darin, daß bei uns mehr Christen sind oder daß die CDU christlicher ist. Der Unterschied besteht darin, daß die CDU mit ihrem Parteinamen ›Christliche Demokratische Union Deutschlands‹ sich selber auf das ›C‹ bezieht, und das ist für mich, nach meinem Selbstverständnis, solange ich in dieser Partei bin, nicht ein Anspruch nach außen, als der er oft mißverstanden wurde und dann auch von den Attacken der politischen Gegner möglicherweise bewußt mißverstanden wurde, sondern eher ein Anspruch nach innen, auf den ich mich in meiner politischen Arbeit berufen kann und beziehen kann.«

LOHMANN: »Wo wirkt sich dieser Anspruch aus? Wo gibt es so einen Punkt, wo man sagen könnte: Das läßt erkennen, daß es sich um einen christlichen Politiker der CDU handelt und nicht um einen anderen Politiker?«

HINTZE: »Ja, die Fragestellung ist für mich ein bißchen kompliziert, weil sie voraussetzt, und die Voraussetzung teile ich nicht, daß die Politik der CDU etwa christlicher sei als die Politik, die ein Sozialdemokrat macht oder die ein Freidemokrat macht. Diese Behauptung würde ich nicht aufstellen.«

LOHMANN: »Wie christlich, um noch einmal zum Generellen zu kommen, kann eine Politik und kann eine Partei sein?«

HINTZE: »Ich hab' eh Schwierigkeiten, eine Politik christlich zu nennen. Und zwar löst das so viele Mißverständnisse aus. Es löst das Mißverständnis aus, es ginge um eine religiöse Politik, wie sie etwa seinerzeit Ayatollah Khomeini im islamischen Bereich mal ins Leben gerufen hat und thematisiert hat. Es könnte das Gefühl auslösen, es ginge um klerikale Politik, eine Politik, in der die Amtskirchen praktisch bestimmen, wo es langgeht. Ich kann christliche Politik nur verstehen als eine Politik von Christen und von Menschen, die sagen: Wir können das, was ihr vom christlichen Menschenbild her vertretet, das können wir mitmachen. Da können wir uns beteiligen, da können wir uns engagieren, auch wenn wir vielleicht das, was die katholische Kirche sagt oder das, was die evangelische Kirche sagt in dieser oder jener Frage, nicht so mitmachen können. Und wenn Sie sich, ein Satz noch, wenn Sie sich mal mit der Parteigeschichte der CDU stärker auseinandergesetzt haben, was ich bei Ihnen voraussetze, dann werden Sie feststellen, daß in der Grundsatzarbeit auch das C und das Christliche nie näher definiert worden ist als eben diese überkonfessionelle Gemeinschaft von Christen, die sich auf das christliche Menschenbild berufen und die im Wissen Politik machen, daß unser Leben ein Geschenk Gottes ist, und daß wir auf der Erde hier nur sehr vorläufige Lösungen finden, danach aber nach bestem Wissen und Gewissen suchen.«

Seine Tüchtigkeit als Generalsekretär kennt keine Grenzen. Er machte nicht einmal vor der inhaltlichen Planung des SPD-Sonderparteitags zum Thema »Asyl« im November 1992 halt. In aller geistlichen Einfalt richtete der Pastor seine Empfehlungen plakativ an die SPD. In einer kostenaufwendigen Aktion ließ er Plakate kleben und Anzeigen schalten. Darin hieß es: »Liebe SPD-Mitglieder! Helfen Sie, das Asyl für Verfolgte zu retten. Bitten Sie die SPD um das *Ja zur Änderung des Grundgesetzes*. CDU.« Damit torpedierte er alle ernsthaften Vermittlungsbemühungen zwischen der Koalition und Opposition. Die Aufgabe eines Generalsekretärs besteht nicht darin, der Verhandlungsführung vorzugreifen, sondern diese erfolgversprechend vorzubereiten. Die Sozialdemokratie ist immer noch der politische Gegner der Union, aber nicht der »liebe«, höchstens der »ehrenwerte« Gegner. Früher kämpften CDU-Generalsekretäre noch für ihre Partei. Ist die Zeit tatsächlich reif für den Schmusekurs mit der SPD? Das läßt für 1994 hoffen — vor allem die Sozialdemokraten.

Hintze wäre bestimmt ein guter Seelsorger eines kirchlichen Jugenddorfes oder eines Müttergenesungsheims. Für den Posten eines Parteigenerals, der eine Truppe strategisch und taktisch führen muß, ist er total überfordert. Am besten wäre es für die CDU, wenn Hintzes Wunschtraum in Erfüllung ginge, Pfarrer auf der Hallig Hooge zu werden! In seinen Interviews findet sich kein Wort zur personellen Erneuerung, zur Verjüngung der Partei, über begangene Fehler. Für den Generalsekretär ist es die »interessanteste Aufgabe«, die er sich denken kann, »mit Helmut Kohl für unsere CDU zu arbeiten«.
Mit seinen Generalsekretären hatte Kohl nicht viel Glück. Kurt Biedenkopf war als Generalsekretär ein glänzender Analytiker und brillanter Redner, aber illoyal zum Vorsitzenden; Heiner Geißler ein Kämpfer und illoyal; Volker Rühe ein Kämpfer und loyal. Sie waren und sind auf jeden Fall kernige Männer, sprechen eine klare, verständliche Sprache. Parteipastorale Platitüden kamen nicht über ihre Lippen. Der »Schmuse«-Hintze gehört mit zu jenen politischen Funktionären der nordrhein-westfälischen CDU, bei denen Anpassungsfähigkeit das wesentliche Erkennungsmerkmal ist. Diese Volksvertreter sind, trotz ihrer relativen Jugend, so abgeschliffen und glatt wie uralte Rheinkiesel. In der Sprache der Scholastik ausgedrückt, kann man auch feststellen: Sie sind die »flexibilitas pura et sincera«, modisch ausgedrückt: biegsam und offen nach allen Seiten. Nur ist »offen« eine Kategorie, die einem Fenster oder einer Tür zukommt. Stehen beide offen, dann gibt es Durchzug.

Ernüchternde Wirklichkeit

Die deprimierende Entwicklung der CDU in den letzten Jahren und die Entfremdung der Mitglieder und der Wähler von der Partei zeigen sich in einem Bericht, den Kreisgeschäftsführer vor Jahren schon erarbeiteten und der sang- und klanglos vom CDU-Landesvorstand NRW kassiert und in einem Safe abgelegt wurde. Diese Stellungnahme könnte aus den meisten CDU-Wahlkreisen stammen.
Die Geschäftsführer aller Parteien sind die »Stillen im Lande«, die sich, wenig beachtet von der Öffentlichkeit, um die Demokratie verdient gemacht haben. Sie hätten z. B. ein Lob vom Bundespräsidenten verdient, wenn er schon Parteien tadelt.

Mitgliederschwund

Die Mitgliederbewegung stagniert. Seit 1980 hat die CDU die Erfahrung gemacht, daß in Wahlkämpfen praktisch kein Mitgliederzuwachs erfolgt, weder bei den Europa- noch bei den Kommunalwahlen; bei den Landtagswahlen konnte der Trend gestoppt werden. Erst im Rahmen des Bundestagswahlkampfes 1990 war wieder ein leichter Trend nach oben in der Mitgliederbewegung festzustellen. Ab Dezember 1990 ging es wieder abwärts.
Das Engagement der Mitglieder, ihre Teilnahme an Parteiversammlungen nahm ab. Parteiversammlungen waren und sind unattraktiv. Sie verlaufen immer nach dem gleichen Schema: Vorstands-, Delegierten- und Wahlmännerwahlen. Politische Diskussionen finden kaum statt. Kritik aus den Reihen der Mitglieder wird als »persönlicher Angriff« gewertet und abgeschmettert. Geschäftsordnungsdebatten sind beliebt. Oft

ist die Diskussion über die Frage, welches der weitestgehende Antrag ist, ausführlicher als die Diskussion über den Inhalt. Langwierige Berichte der Vorsitzenden, Fraktionsvorsitzenden, der Bürgermeister usw. langweilen die Mitglieder.
Die Folgen: Sinkende Teilnehmerzahlen, vielfach weit unter 10% der Mitgliederzahl. Neumitglieder, die sich ohnehin von den Etablierten vernachlässigt fühlen und kaum Zugang zur Gemeinschaft der Altmitglieder finden, kommen einmal und nie wieder. Qualifizierte Mitglieder bleiben weg, weil für einen von Beruf und Familie ausgefüllten Menschen die Parteiversammlung nichts bringt. Unter den Teilnehmern sieht man immer die gleichen Gesichter. Man könnte fast von Versammlungsprofis sprechen.

Mittelmäßige Vorstände

Es wird immer schwieriger, qualifizierte Mitglieder für ein Vorstandsamt oder gar für das Amt eines Vorsitzenden zu gewinnen. Die Arbeit ist zeitaufwendig und ohne realen Effekt. Aktivismus statt Aktivität ist vorrangig. Schaumschläger, Redner zu jedem Thema und diejenigen, die »keinem weh tun«, kommen nach vorne. Menschen und Politiker, also Mitglieder mit menschlichen Qualitäten, politischem Gespür und Sachverstand sind nicht gefragt, sondern nur die kalten Funktionärstypen. Bei kommunalpolitischen Veranstaltungen, die den kleinen Mann ohnehin nicht erreichen (ihn erreicht man z. B. zu Hause), wird in einer Fachsprache gesprochen, die niemand versteht. Infrastruktur, LIP I und II, Ausgleichsstock, NWP, RP, Flächennutzungsplan, Nutzungsbegrenzung usw. sind Begriffe, die kein Mensch ohne weiteres begreift. Selbst die Begriffe »MdB« und »MdL« sagen den Mitgliedern und Bürgern in der Regel

nichts. Kommt aber ein Bürger und beklagt sich über eine nicht brennende Laterne, so ist dies eine Niederung der Kommunalpolitik, um die sich zu kümmern eines CDU-Mannes unwürdig ist.
Wo es möglich und der Sache nach vertretbar war, wurden die Verwaltungsspitzen mit CDU-Leuten besetzt. So weit, so gut. Nur: Der normale Bürger hat praktisch nie mit dem Stadt-, dem Gemeindedirektor oder dem 1. Beigeordneten zu tun. In der Verwaltung trifft er auf den Pförtner, den Sachbearbeiter, allenfalls den Dezernatsleiter. Wenn er hier muffig empfangen wird, wenn er sich verschaukelt fühlt, wenn sich keiner ernsthaft um seine Probleme kümmert, dann überträgt er dies auf die Mandatsträger der CDU, wenn diese die Mehrheit haben.
Die Stadt-, Gemeinde- und Ortsverbände erwarten, daß die für sie zuständigen Abgeordneten praktisch an allen Mitgliederversammlungen teilnehmen und dort sprechen. Wenn sie dies tun — und sie tun es —, gelten sie als sehr fleißig und volksverbunden. Dies zählt, wenn es um die erneute Kandidatur geht.

»Bürgernah — für alle da«?

Der Bürger erwartet von den Kommunalpolitikern, daß sie seine Sorgen wahrnehmen, sich um seine vielen kleinen Anliegen kümmern. Großartige Bauprojekte — Theater, Schwimmbäder, Schulen, Museen — vermitteln nicht unbedingt Geborgenheit oder Heimatgefühl. Im Gegenteil, manchmal wird damit ein Unbehagen erzeugt, das auf die Herrschenden am Ort zurückfällt, selbst dann, wenn sie für ein solches Projekt nicht verantwortlich sind. Die schönste Schule wird zum Ärgernis, wenn sich herausstellt, daß beim Schulweg die Kinder gefährliche Kreuzungen überqueren müssen, um deren Sicherung die Kommunalpolitiker sich nicht energisch genug kümmern. Reagiert wird oft erst dann, wenn sich Bürgerinitiativen bilden und auf den Mißstand hinweisen oder wenn ein Unglück passiert ist.

Das Gefühl, von den Politikern verlassen zu sein, kommt beim Bürger auf, wenn die Laterne vor seinem Haus nicht brennt und nichts geschieht, obwohl er die »zuständige Stelle« zwei- oder dreimal darauf hingewiesen hat. Der Bürger wird zu dem Kommunalpolitiker Vertrauen fassen, der für schnelle Abhilfe sorgt. Dieses Fallbeispiel gilt für zahlreiche kleine Dinge des Alltags, z. B. für den Kanaldeckel unter dem Schlafzimmerfenster, der klappert, wenn ein Wagen darüber fährt, für die lockere Fliese auf dem Bürgersteig, bei der einem bei Regen das Wasser an den Beinen hochspritzt, sofern man darauf tritt. Dies sind nur einige Beispiele.

Nur derjenige Kommunalpolitiker gewinnt Vertrauen, der engen Kontakt zu den Bürgern hält. Sein Verhalten überträgt sich auch auf seine Partei.

Stellen wir uns einmal vor, einer unserer MdBs oder MdLs würde vor seiner Aufstellung als Kandidat erklären, er wolle an 50 Abenden pro Jahr zu Hause über die Politik der CDU nachdenken, mit dem Ziel, sie zu verbessern. Sein Gegenkandidat, der versprechen würde, daß er immer an der Basis sein würde, hätte die größeren Erfolgschancen.

Die Vereinigungen

Die CDU hat folgende Vereinigungen: 1. Die Junge Union Deutschlands, 2. die Frauen-Union, 3. die Sozialausschüsse der Christlich-Demokratischen Arbeitnehmerschaft, die Kommunalpolitische Vereinigung der CDU und CSU (KPV), die Mittelstandsvereinigung der CDU/CSU, die Wirtschafts-

vereinigung, die Ost- und Mitteldeutsche Vereinigung in der CDU/CSU — Union der Vertriebenen und Flüchtlinge —, die Senioren-Union.
Nach dem Statut der CDU § 39 sind die Vereinigungen »organisatorische Zusammenschlüsse mit dem Ziel, das Gedankengut der CDU in ihren Wirkungskreisen (junge Generation, Frauen, Arbeitnehmer, Kommunalpolitik, Mittelstand, Wirtschaft, Vertriebene und Flüchtlinge, ältere Generation) zu vertreten und zu verbreiten sowie die besonderen Anliegen der von ihnen repräsentierten Gruppen in der Politik der CDU zu wahren«.*
Die Junge Union (JU) ist mit der Aufgabe, die Jugend anzusprechen und deren Interessen an die Partei heranzutragen, überfordert. Mit einem Anteil von fast 60% Schülern und Studenten an der Gesamtmitgliederzahl vertritt sie nicht die Interessen der gesamten Jugend, sondern nur einer Gruppe der Jugend.
Die Probleme der Jugend sind der JU fremd. Die Interessen der jungen Beamten, Angestellten, Handwerker, Facharbeiter kann sie nicht kennen, da sie deren Sprache nicht spricht. Kommen junge Leute aus diesem Bereich zu JU-Versammlungen, so sind sie Außenseiter. Unter den Schülern und Studenten fühlen sie sich unbehaglich. Langwierige Theoriediskussionen wirken auf diese mehr praktisch veranlagten Jugendlichen abstoßend.
Als mitgliederstarke Jugendorganisation kann die JU nicht angesehen werden. Es gibt zu viele Karteileichen. Kenner schätzen sie auf ein Viertel bis ein Drittel der angegebenen Mitglieder. Die Arbeit der Vorstände beschränkt sich zu sehr auf Organisationsfragen. Politische Auseinandersetzungen mit den Gegnern und deren Jugendorganisationen finden nicht statt. Die Schwerpunkte in den Ortsverbänden sind

* Vgl. Statut der CDU, Stand 1. 5. 1991, 16. Beitragsordnung, Part, Stand.

»Freizeitveranstaltungen«, wie Discotheken, Filmabende, Grillpartys, Kegelabende usw. Die Mitgliederversammlungen sind äußerst schlecht besucht.
Kritik verdient die automatische Mitgliedschaft bei CDU-Mitgliedern im JU-Alter. Positive Mitgliedschaft sollte eingeführt werden. Die Frage der Herabsetzung der Altersgrenze von 35 Jahren wurde diskutiert.
Das Gute: Die JU ist eine Übungsschule für kommende Politiker. Hermann Josef Dufhues, Helmut Kohl, Gerhard Stoltenberg oder Volker Rühe haben in der JU das politische Handwerk erlernt. Deshalb kann der politische Langzeitwert einer solchen Jugendorganisation nicht hoch genug eingeschätzt werden, auf jeden Fall scheint die JU realpolitischer zu sein als die konfessionellen Jugendverbände, besonders aber als die katholische Jugend in ihrer Führungsspitze.
Für die Christlich-demokratische Arbeitnehmerschaft (CDA) gilt ähnliches wie für die JU. Die Führungsgremien der CDA setzen sich im wesentlichen aus CDU-Mitgliedern und Personen zusammen, die nicht der Arbeitswelt in Groß- und Handwerksbetrieben angehören. Akademiker à la Ulf Fink, Lehrer, Angestellte, auch solche von CDA und CDU, Angehörige des öffentlichen Dienstes bilden das Gros der Führungsgremien. Eine systematische Betreuung der Betriebsräte z. B. findet kaum statt.
Es bleibt dem Zufall überlassen, zu erfahren, wo welche CDU-/CDA-Mitglieder einem Betriebsrat angehören. Ständige Kontakte mit dem DGB und den Einzelgewerkschaften vor Ort gibt es kaum.
Die Lage ist hier schon seltsam. Die Akademiker Heiner Geißler oder Ulf Fink gerieren sich als Arbeitnehmer. Norbert Blüm ist immerhin ein gelernter Werkzeugmacher.
Ähnliche Probleme wie bei oben genannten Gruppen finden sich bei der Mittelstandsvereinigung. Sie wird von der Partei sträflich vernachlässigt. Unmittelbar nach dem Krieg war sie

— wie überhaupt alle Vereinigungen — organisatorische Plattform, um politisch interessierte Mittelständler an die Partei heranzuführen oder zu binden.
Von allen Vereinigungen der CDU wird die Frauenvereinigung noch am besten ihrer Aufgabe gerecht. Ihre außerordentlich wirkungsvollen sozialen Aktivitäten bringen Sympathie für die CDU. Als außerordentlich positiv sind z. B. die Aktivitäten der Kleiderstuben zu bewerten.
Die automatische Mitgliedschaft der weiblichen CDU-Mitglieder verzerrt aber das Bild. Positive Mitgliedschaft wäre auch hier erforderlich. Die Altersstruktur der Vorstände wird als zu hoch angesehen. Jüngere Frauen fühlen sich nicht mehr angesprochen. Sie lehnen daher oft die Mitarbeit in der Frauenvereinigung ab.
Schwachstellen bei der Frauenvereinigung sind die öfter aufbrechenden Auseinandersetzungen. Diese Streitereien werden mit solcher Vehemenz geführt — die es so bei den Männern nicht gibt —, daß meist eine Versöhnung unmöglich ist. Offenbar ist die Rivalität der Frauen in der Politik mit Eifersucht gepaart und deshalb so erbittert. Dies aber hat zur Folge, daß die Bereitschaft der Männer, Frauen mehr und mehr in die Vorstände und Fraktionen einzubinden, wieder rückläufig ist. Das sind keine Klischeevorstellungen von Parteimachos. Im Gegenteil, viele Frauen beklagen diese Zustand.

Fehleinschätzungen

Die conditio humana der Deutschen wurde von manchen CDU-Politikern falsch eingeschätzt. Politische Schlagworte wie z. B. von der »geistig-politischen Wende« oder der »Neuen Armut«, mögen sie noch so griffig sein, haben meist nur einen Augenblickswert und wenden sich dann gegen den Erfinder. Nach wir vor haben wir es in Deutschland mit dem alten teutonisch-germanischen Adam bzw. der alten Eva zu tun. Sie zweifeln, ängstigen sich, fühlen sich betroffen, sind weinerlich, besserwisserisch, lassen sich von den modischen Wellen des Zeitgeistes hin- und hertreiben. Die zeitgenössische Parteipolitik ist ein Röntgenbild der nationalen Neurosen und Aufgeregtheiten.

Den Menschen in der Bundesrepublik geht es auch nach der Wiedervereinigung materiell gut. Sie leben in einem der reichsten Länder dieser Welt. Mit dem Auto fährt man durch gepflegte Dörfer und Städte. Millionen Bundesdeutsche reisen ins Ausland. Milliarden geben sie für ihren Urlaub aus. Sieht man die bedrückende Armut in vielen Teilen der Welt, in Osteuropa, Afrika oder Asien, dann kann man das Schlagwort von der »Neuen Armut« oder der »zwei Drittel-Gesellschaft«, zwei Drittel Reiche oder Gutsituierte und ein Drittel Arme, nur als politisch demagogisches Schlagwort bezeichnen. »Die neue Armut«, einst von Heiner Geißler in der Diskussion gegen die SPD benutzt, wird als »Bumerang«-Begriff jetzt von den Sozialdemokraten gegen die Politik der Union verwendet.

Die Stellungnahmen zur sogenannten »Neuen Armut« sind teilweise demagogisches und neidgelenktes dummes Geschwätz. Aber die Deutschen klagen und fordern vom Staat materielle Leistungen, die sie letztlich wieder selber bezahlen müssen. Die Menschen der sogenannten »postmateriellen« Gesellschaft, ob jung, ob alt, sind so materialistisch wie die Menschen seit eh und je.

Geistig-moralische Wende?

Gab es eine »geistig-moralische Wende«? Der Fall Kießling und seine Behandlung, der Flick-Skandal, die gewerkschaftliche Schluderwirtschaft in der »Neuen Heimat« und in der Bank für Gemeinwirtschaft, die Ereignisse um Barschel in Schleswig-Holstein und Genf mit den unwürdigen Schuldzuschreibungen der Politiker in Kiel und Bonn, der Putschversuch gegen Kohl (von Geißler, Süssmuth, Albrecht, Späth und Biedenkopf angezettelt), die satte Selbstgefälligkeit mancher CDU-Notablen im Kabinett und zahlreicher Mandatsträger in Bund, Ländern und Gemeinden, die versteckten, schlaumeierhaften und abfälligen Bemerkungen mancher Präsidiumsmitglieder über Helmut Kohl lassen jede Sensibilität für das, was der Bürger von Politikern verlangt, vermissen: Solidarität, Gerechtigkeit, Fairneß.

Wenn die Grünen sich einen ernstzunehmenden wertkonservativen Flügel zulegen würden und gleichzeitig auf dem rechten Rand des politischen Spektrums die Republikaner dann Erfolg hätten, die nationale Karte zu spielen, könnte die CDU viele Wähler verlieren. Diese Sicht ist keineswegs tagesaktuell, könnte jedoch im Jahr 1994 durchaus Wirklichkeit werden. Es wird notwendig sein, sich rechtzeitig Gedanken darüber zu machen, wie man einer solchen Entwicklung vorbeugen kann, weil sie keineswegs zwangsläufig oder gar geschichtlich vorgezeichnet ist. Die CDU hat von 1982 bis 1992 nicht gelernt, ihre Politik überzeugend zu begründen und den Wählern verständlich zu machen. Studiert man im »Bericht der Bundesgeschäftsstelle« vom 3. Oktober 1992 die Aktivitäten der Partei, dann fragt man sich: Was hat die breite Öffentlichkeit wahrgenommen? Die Antwort ist sehr einfach: kaum etwas. Erst die sehr gut gemachten Anzeigen des Bundespresseamtes im Oktober/November 1992 zu Maastricht haben ein Lob verdient. Endlich einmal eine vernünftige Öffentlich-

keitsarbeit. Warum so spät? Und warum konnte man nicht wie in Frankreich den Vertragstext in Buchform von der Regierung erhalten, vielleicht noch mit einem Kommentar?
Wenn die CDU lernt, daß auch in Zukunft Bedarf für eine schöpferische Politik besteht, hat sie die Chance, die politisch-geistige Führerschaft in der Republik zu gewinnen. Das »Besetzen« von Begriffen — welch eine scheußliche Formulierung — reicht allein nicht aus und auch nicht das künstliche Produzieren von Fernsehereignissen, wie das der Generalsekretär empfiehlt.

Unbehagen an der CDU

Das Unbehagen an der CDU läßt sich weder durch Fernsehinszenierungen wie z. B. beim letzten Weltwirtschaftsgipfel in München noch durch die markigen Äußerungen von Hintze oder durch das hektische Hin- und Heragieren des Wolfgang Schäuble beseitigen.
Parteimitglieder und Wähler vermissen Solidarität mit dem Parteivorsitzenden. Bonner Journalisten wissen Geschichten zu erzählen von Landesfürsten, die sich in Hintergrundgesprächen nicht gerade loyal gegenüber Kohl verhalten. Aber die CDU muß erkennen: Helmut Kohl, welche Fehler er auch haben mag, ist berechenbar, klar in seinem ordnungspolitischen Denken, integrationsfähig, besitzt eine Sensibilität für die Partei und hat einen Blick für die Wirklichkeit, ist ein fleißiger Mann. In den Medien verkauft er sich nicht so gut wie seine Frau, dafür versucht er aber auch nicht in die Rolle des Staatsschauspielers zu schlüpfen wie Helmut Schmidt.
Befremdend war indes für viele Wähler und Parteimitglieder, daß sich Helmut Kohl in der Berlin-Debatte als Abgeordneter von Ludwigshafen für Berlin engagierte, bei der Abtreibungs-

debatte im Deutschen Bundestag aber schwieg. Hätte der Abgeordnete Kohl hier nicht geistige Führerschaft verwirklichen können? Der Fraktionsvorsitzende Schäuble, der eine emotionsgeladene Rede für Berlin und gegen Bonn hielt, schwieg ebenfalls. Ob ihr Engagement für Berlin richtig war, das soll die Geschichte entscheiden. Beide, Kohl und Schäuble, verloren in den Kernlanden der CDU — im Rheinland, Rheinland-Pfalz und Baden-Württemberg — durch ihr Verhalten in der Stammwählerschaft viel an Sympathie. Wenn die CDU bei künftigen Wahlen in diesen Regionen schwere Wahlverluste erleiden wird, dann sind Kohl und Schäuble die »Mit«-Verursacher. Ob die Voten für Berlin der CDU in den neuen Ländern Stimmen bringen werden, bleibt abzuwarten. Zweifel sind angebracht.
Trotz allem: Weit und breit sind in den Unionsparteien nur wenige Persönlichkeiten auszumachen, die Helmut Kohl als Kanzler einmal ersetzen könnten. Vielleicht der hessische Landesvorsitzende Manfred Kanther, Volker Rühe oder Theo Waigel, was der CSU gut täte. Der Fraktionsvorsitzende und die älteren Minister im Kabinett Kohl — Norbert Blüm ausgenommen — wirken verbraucht und dürfen langsam ihrer verdienten Pension entgegensehen.

Mätzchen

Der Generalsekretär soll die Lage analysieren und helfen, bei kommenden Wahlen Stimmen zu gewinnen. Das ist seine Pflicht. Nur, ob das mit modischen Mätzchen gelingen wird, darüber darf gestritten werden. Vor einigen Jahren stellte Heiner Geißler* in der Herder-Korrespondenz fest, daß die

* Geißler, Heiner: Herder Korrespondenz Nr. 11 (1987).

CDU »Profil« gezeigt habe, z. B. »bei den Menschenrechten, der doppelten Null-Lösung oder bei der Gleichberechtigung der Frau«. Das stimmt! Nur läßt sich aus den vorliegenden Wahlanalysen nicht ableiten, ob der Essener Frauenparteitag der CDU Frauenstimmen gebracht hat.

Die CDU hat unter Geißler mehrere Veröffentlichungen zur Lage der Menschenrechte in Chile, Südafrika und in der Sowjetunion veröffentlicht. Warum wurden diese so schlecht in der Öffentlichkeit verkauft?

Der augenblickliche Zustand der Union ist davon gekennzeichnet, daß die CDU auf zahlreichen Ebenen der Politik Einfluß ausübt, von einer geistigen Führerschaft jedoch nicht die Rede sein kann. Warum?

Es ist absurd, von einer Partei zu verlangen, sie sollte gleichsam sinnstiftende Funktionen einnehmen, so etwas wie Kirchenersatz sein. Was die CDU benötigt, ist Sachkompetenz in der Bundestagsfraktion für alle politischen Handlungsfelder. Für wenigstens zwei Sachgebiete hat sie seit Jahren keine kompetenten Sprecher mehr, für die Außenpolitik und für die Wirtschaft. Wenn es vordergründig so aussieht, als wollten Fink, Geißler und Genossen die Partei wirtschafts- und sozialpolitisch auf einen Linkskurs trimmen, dann liegt das teilweise daran, daß wirtschaftspolitisch tüchtige und ausgewiesene Wirtschaftsexperten in der Bundestagsfraktion fehlen. Nur noch der »Wirtschaftsrat der CDU«, eine Unternehmervereinigung, die aber satzungsgemäß nicht zur CDU gehört, verteidigt marktwirtschaftliche Positionen. Von der Wirtschaftsvereinigung der CDU wiederum oder der »Mittelstandsvereinigung der CDU«, die satzungsmäßig zur CDU gehören, war nichts zu hören. Mit Ausnahme von Helmut Kohl und Volker Rühe sind weit und breit keine außenpolitisch kompetenten Persönlichkeiten in der CDU-Bundestagsfraktion. Der »gelernte« Bundeskanzler ohne beruflichen Abschluß, Karl Lamers, ist ja wohl nicht ganz ernstzunehmen.

Er gehört zu jenen alerten Männern, die nur auf der politischen Schiene »Junge Union« ihre Karriere machten, ohne je einen anständigen bürgerlichen Beruf ausgeübt zu haben. Die zu früh verstorbenen Rheinland-Pfälzer Alois Mertes und Werner Marx konnten nie ersetzt werden. Das Auswärtige Amt mit seinem riesigen Beamtenapparat und das Wirtschaftsministerium sind reine FDP-Domänen. Politisch macht sich das bemerkbar.

Schöpferische Kraft

Die Union muß in Bund, Ländern und Gemeinden politisch solide handeln und sie muß geistig mobil sein. Dabei braucht sie nicht zu versuchen, den Zeitgeist hechelnd zu überholen, in dieser Arena laufen schon SPD und FDP. Aber die CDU muß die Probleme, z. B. Asyl, innere Sicherheit, Steuererhöhungen — die die Bürger bewegen — erkennen und begreifen, diese mit den eigenen Positionen vergleichen, aufgreifen und grundsatzfest diskutieren. Dazu bedarf es einer Dienstbereitschaft und einer geistigen Wachheit, die vermeintliche Zwänge aufbricht und diskutabel macht.

Wichtiger noch als eine Programmdiskussion sind glaubwürdige Persönlichkeiten, überzeugende Ideen und schöpferische Kraft. Nur wer diese besitzt, kann langfristig damit rechnen, vom Wähler einen Auftrag zum Regieren zu erhalten. Dienen im altmodischen Sinn ist auch heute noch gefragt in der Politik.

Der Kanzler und seine Adepten dürfen nicht vergessen, daß Wahlen innenpolitisch gewonnen werden. Die anzuerkennenden außenpolitischen Leistungen von Helmut Kohl spielen dabei fast — oder überhaupt — keine Rolle.

Versucht man die geistige Situation der CDU zu analysieren,

wie sie sich seit der Regierungsübernahme 1982 darstellt, so stößt man auf Kurzatmigkeit, intellektuelle Anbiederei an schnell vergehende Politmoden, an die hektische Übernahme von ungeprüften Ideen. Nur sollte man sich hüten, die brillanten Ideen von Literaten, Professoren oder jener den Zeitgeist anhimmelnden Schickeria schon für politisch umsetzbar zu halten. Phantasievolle Gedankenspiele zu entwerfen, ist leicht, sie im harten politischen Alltagsgeschäft um- und durchzusetzen, ist unendlich schwer.

Aktivitätsauslese

Die politische Sprache der CDU und ihrer Werbeberater stellt sich als eine Kunstsprache dar. Der diese Sprache anwendende Politiker ist nicht das Ergebnis einer parteipolitischen Qualitäts-, sondern einer Aktivitätsauslese.
In der Regel entdecken die Staatsmänner von übermorgen schon während der Schulzeit in der Schüler-Union, in der Jungen Union oder im RCDS, spätestens aber im Studium ihre Berufung zum Berufspolitiker. Dann beginnen alle möglichen charakterlichen Verbiegungen, um in die Position zu gelangen, die man schließlich eines Tages erreicht.

Zwei Trends

Bei den Landtagswahlen in den vergangenen Jahren hat die CDU in allen Altersgruppen und Gemeindegrößenklassen Stimmen verloren. Ordnet man die differenzierten Ergebnisse jedoch in die langfristige Entwicklung des Wählerverhaltens ein, so ergeben sich zwei für die CDU besonders gefährliche Trends: Sowohl bei den jüngeren Wählergruppen, insbesondere den jungen Frauen bis 35, als auch bei den städtischen Wählerschichten reduzieren tiefgreifende Vertrauens- und Zustimmungsverluste den Stimmenanteil der CDU auf 30 und weniger Prozent. Ein ähnlicher Trend zeigte sich für die SPD bei den Wahlen in Baden-Württemberg, aber damit darf sich die CDU nicht trösten.

Die Niederlagen bei den Landtagswahlen sind keine einmaligen Betriebsunfälle. Solche Verluste sind durch einen höheren Zustimmungsgrad bei der älteren Land- und Kleinstadtbevölkerung nicht mehr auszugleichen, zumal in diesem Bereich traditionelle Hochburgen der CDU allmählich abbröckeln.

Sollte sich dieser Erosionsprozeß der CDU bei jüngeren und städtischen Wählerschichten fortsetzen, verliert die CDU in allen alten Bundesländern auf lange Sicht die Chance einer mehrheitsfähigen Position. Bei aller Notwendigkeit, Koalitionen zu bilden, muß die CDU-Führung prüfen, ob FDP und Republikaner sie bei der Bundestagswahl 1994 nicht unter die 40%-Grenze drücken können. Die Partei darf keine klassischen CDU-Wähler (Landwirte und Mittelständler, Katholiken) mehr verlieren. In der CDU hat die Diskussion über die notwendige Neubesinnung und Neuformierung begonnen. Über die Ursachen der unerwartet hohen Niederlagen bei den verschiedenen Landtags- und Kommunalwahlen gibt es Analysen in fast jeder Kreispartei. Soweit bekannt, vermitteln sie keine neuen Erkenntnisse. Nur das Übliche: Trotz großer Erfolge in der Wirtschafts- und Finanzpolitik sind viele CDU-Wähler enttäuscht und pessimistisch. Die Einsparungen im Sozialsystem unter gleichzeitiger Ausweitung der Subventionen werden als inkonsequent und ungerecht empfunden.

Warum muß die Regierung nach Berlin umziehen? Bonn sollte Regierungssitz bleiben und Berlin Bundeshauptstadt.

Die immensen Kosten für den Umzug könnten gespart werden. Ebenso überflüssig sind die Olympiade in Berlin und die Weltausstellung in Hannover. Auch hier könnten viele Milliarden gespart werden. Statt dessen wird der Wähler mit sprachkosmetischen Formulierungen getäuscht. Aus Steuererhöhungen werden nun »Einnahmeverbesserungen« oder »Solidaritätsbeitrag« genannt. Sind es 400 oder 500 Milliarden DM, die wir aus der Erblast der DDR übernehmen müssen? Keiner weiß es genau. Und das sollte man dem Bürger sagen. Daß die Regierung einen Teil durch Steuererhöhungen decken muß, wird wohl unumgänglich sein. Wie es auch sei! Die öffentlichen Haushalte werden sparen müssen. Abspecken heißt die Parole.

Die administrativen Fähigkeiten der Bundesregierung werden in der Öffentlichkeit schlecht beurteilt, z. B. der ausufernde Perfektionismus im Bau-, Planungs- und Verwaltungsrecht oder die Anordnungsmanie des Umweltministers.

Die CDU gilt im Urteil der Wähler als zerstrittene Partei. Daß die internen Zwiste in der Engholm-SPD und FDP noch größer sind, hilft der CDU dabei nicht. Berichte über Streitereien in der Führungscrew wirken abstoßend auf Parteimitglieder und Wähler.

Republikaner und Grüne

Die plakativen Auseinandersetzungen mit den Grünen, die Heraufbeschwörung einer »rot-grünen Gefahr« und die Verteufelung der Republikaner sind falsch. Besser würde die CDU darüber nachdenken, warum die Wähler die Republikaner wählen. Könnte das nicht mit den linken Allüren bestimmter »Parteifreunde« zusammenhängen? Vielleicht auch mit

Frau Süssmuth? Auf den Skalen der Umfragen steht diese Dame ja ganz oben, nur wählen die Befragten, die die Frau Präsidentin so schätzen, nicht die CDU!
Die Erfolge der Republikaner beruhen oft auch auf Fehlentscheidungen in den Kommunen, Kreisen und Ländern. Die Bundesregierung allein dafür verantwortlich zu machen, ist reichlich einseitig. Bei den Grünen und Republikanern sind auch viele Querulanten und Besserwisser, die in der CDU, CSU oder SPD gescheitert sind.
Die Grünen könnte man auch einordnen in die »counter-culture-Bewegung«, die sich in den letzten Jahren in den westlichen Industrienationen entwickelte. Diese Bewegung, die vor allem bei der Jugend ankommt, trägt die Züge einer Renaissance des romantischen Wertdenkens. Nicht die eigene Karriere, nicht die gesteigerte Naturbeherrschung, nicht der Fortschritt sind typisch für diese Bewegung, sondern Selbsterfüllung und Persönlichkeitsformung durch ästhetische, erotische und meditative Kommunikations- und Erfahrungsformen.

Persönlichkeiten — Programme

Übereilte und undurchdachte Vorschläge von Abgeordneten, Programme zur Frauen-, Arbeitsmarkt-, Strukturpolitik oder zur Änderung des Wahlrechts bringen der CDU keine neuen Wählerschichten. Die häufigen — manchmal täglich, manchmal wöchentlich — neuen Steuer- oder Abgabenvorschläge sind kontraproduktiv. Enthaltsamkeit ist den Aktivisten, ob sie nun Minister, Vor- oder Hinterbänkler sind, dringend zu empfehlen. Die CDU-Politiker/innen sollten eigentlich wissen: Wesentliches Merkmal der Politik ist das Treffen von Entscheidungen. Taktisches Geschick allein, oft nützlich und notwendig, reicht nicht aus, um einen Politiker glaubwürdig zu machen. Und ein noch so scharfer und brillanter Verstand, eine noch so kämpferische Haltung nützen nichts, wenn politisches Fehlverhalten und mangelnde Führungskraft offenkundig sind. Der Wähler will Führung, d.h. Entscheidungen von einer Regierung. Schwankende Haltungen bzw. Enthaltungen in wichtigen politischen Sachaussagen erzeugen Zweifel an der Führungsqualität. Dauerndes Taktieren lädiert die Glaubwürdigkeit der Aussagen über die Gefahren für Stabilität, Staatsfinanzen und Marktwirtschaft. Die Haltung: »Hier stehe ich, ich kann auch anders, der Wähler helfe mir«, wird von den Bürgern nicht honoriert, sondern abgelehnt.

Ein brauchbares Sachprogramm und ein argumentativ geführter Wahlkampf vermögen die mangelnde Ausstrahlungskraft einzelner Abgeordneter, parlamentarischer Staatssekretäre oder Minister nicht auszugleichen.

Bei der Aufstellung von Männern und Frauen für Wahlämter haben die Mitglieder der entsprechenden Gremien daran zu denken, daß Personen, nicht Programme wahlentscheidend sind. Programme und Grundsätze sind gut und nützlich, aber auf keinen Fall ausreichend. Programme sind immer so viel wert, wie die Personen, die sie repräsentieren.

Die CDU-Programm-Fetischisten sollten wissen: Am Programm liegt viel, aber die Wähler schauen noch mehr auf die Personen. Parteiprogramme werden nur von Fachidioten gelesen. Das war schon so zu Zeiten Adenauers und Erhards und das ist noch heute so. 1994 wird das nicht anders sein. Die Wähler stimmen immer für den Spitzenkandidaten und für den Abgeordneten, deren Erscheinungsbild in ihnen Assoziationen wie kraftvoll, überlegen, vorbildhaft, integer, solide, klug, wahrhaftig erzeugen.

Die CDU braucht sich nicht vom parteipolitischen Gegner oder von den Medien eine Führungsdiskussion aufzwingen zu lassen. Doch es wird ihr nicht erspart, in den nächsten Monaten und Jahren nach einem Mann Ausschau zu halten, der eines Tages nach Kohl die Partei und — wenn die CDU noch regieren sollte — die Bundesrepublik glaubwürdig und erfolgreich repräsentiert; er muß zudem mit Aussicht auf Erfolg die Partei in Wahlkämpfe führen können.

Führungskriterien

Helmut Kohl wird in der Geschichte unserer Republik der letzte CDU-Kanzler und Parteivorsitzende dieses Jahrhunderts sein. Der zukünftige CDU-Parteivorsitzende und Kanzlerkandidat müßte folgende Führungseigenschaften besitzen:

1. Eine robuste Gesundheit als elementare Voraussetzung, Partei und Staat führen zu können.
2. Politische Klugheit, die den Staat entsprechend den Regeln der Vernunft leitet, sei es in der Gesetzgebung oder in der Anwendung der Gesetze.
3. Integrationskraft; sie ist wichtig, um die Partei oder eine Regierungskoalition zusammenzuhalten.
4. Erfahrung, die erworbene politische Erkenntnisse verwendungsbereit hält.
5. Sachkenntnis über die auszuführenden Handlungen und deren Zusammenhänge.
6. Belehrbarkeit, die auf das Urteil anderer Wert legt und sich etwas sagen läßt; er muß zuhören können.
7. Scharfsinn, der auch bei unvorhergesehenen Fällen die Lage rasch und zielsicher beurteilt.
8. Voraussicht, das richtige Abschätzen aller Mittel und Wege zum Ziel.
9. Umsicht, die auch Nebenumstände berücksichtigt.
10. Vorsicht, die vor möglichen Täuschungen und Fehlern bewahrt.

Man kann auch noch eine negative These formulieren: Ein Spitzenkandidat braucht nicht so telegen zu sein wie die Dressmen auf der Kölner Herrenmodemesse. Es gibt ja gerade in der Wirtschaft ganz besonders kluge Leute, die oft selbst nicht gut aussehen und mittelmäßig gekleidet sind, die aber verlangen, daß ein Spitzenkandidat im Fernsehen »ankommen« muß. Adenauer und Kohl kamen nie so an und gewannen Wahlen. Darüber einmal nachzudenken, wäre vielleicht für die Dreimalgescheiten ganz nützlich.

Kronprinzendebatte

Am Ende der Parlamentsferien 1992 begann in der Presse die Kronprinzendebatte. Die Favoriten sind Kurt Biedenkopf (wieder einmal), Wolfgang Schäuble und Volker Rühe. Abwarten! In der Geschichte der CDU wurden schon manche »Kronprinzen« an der politischen Börse gehandelt. In der Ära Adenauer wurden eine Zeitlang die Namen Gerhard Schröder und Franz Etzel ins Spiel gebracht und zugleich auf diese Weise neutralisiert. Die Hamburger Wochenzeitung »DIE ZEIT« tat sich hier besonders hervor. Aber ihre Prognosen waren damals schon so falsch wie im August 1991 ihre Analyse des Moskauer Putsches, den sie als vollendete Tatsache beschrieb. Die »Zeitkandidaten« zogen nicht in das Palais Schaumburg, das alte Kanzleramt, ein. Überhaupt, wer wurde nicht schon zu Zeiten Helmut Kohls als Parteivorsitzender und Kanzlerkandidat gehandelt: Ernst Albrecht, Kurt Biedenkopf, Lothar Späth, Rita Süssmuth und Gerhard Stoltenberg. Wo sind sie geblieben? Eines Tages wird es auf jeden Fall notwendig sein, über einen Nachfolger für Helmut Kohl nachzudenken und es wäre gut, daß Kohl zu gegebener Zeit einen Vorschlag zur Nachfolge mitträgt und vorbereitet.

Die »Kronprinzendebatte« wird ja nicht nur auf Bundesebene geführt. In einzelnen Landesverbänden wird ebenfalls nach Führungspersönlichkeiten gesucht. Für einige Landesverbände, die sich in der Opposition befinden, wäre es besser, wenn der Landesvorsitzende zugleich auch Fraktionsvorsitzender und damit Oppositionsführer im Landtag wäre. Doch ist die Situation differenziert zu beurteilen. Der Landesverband NRW scheint mit der Ämtertrennung besser zurechtzukommen als die CDU in Rheinland-Pfalz. Der derzeitige Fraktionsvorsitzende Hans-Otto Wilhelm klammert sich krampfhaft an sein Amt, bekämpft den Landesvorsitzenden Dr. Werner Langen und spaltet seit dem Sturz von Bernhard Vogel die CDU an Rhein, Mosel und Nahe.
Ob die derzeitigen CDU-Mandarine diese Feststellungen als richtig anerkennen, ist fraglich. Sie wären indes gut beraten, wenn sie die Ursachen für die schlechten Wahlergebnisse in Kommunen, Kreisen und Ländern zunächst einmal bei sich selbst suchen würden. Letztlich können der Parteivorsitzende oder die Bundesminister nicht dafür verantwortlich gemacht werden, daß in Stuttgart eine Straßenbahn entgleist, in Bonn die Sonne scheint und es in Berlin regnet. So verquer und kleinkariert ist schon das Denken von politischen Dorf-, Stadt- oder Provinzgrößen.
Am schlechten Abschneiden der CDU bei Kommunal-, Kreis-, Land- und Bundestagswahlen sind nicht die Wähler schuld, nicht die Parteiorganisation, nicht die Mitglieder, die sich engagieren. Schuldig sind die jeweiligen politischen Mandatsträger auf Orts-, Kreis-, Landes- und Bundesebene. Die Wähler, die sich der Stimme enthielten oder die CDU nicht wählten, haben sich dabei etwas gedacht. Der wiederholt geäußerte Vorwurf einer christlich-demokratischen Arroganz gegenüber den Wählern, die schwebende Abgehobenheit einiger Minister, die belanglosen, lächerlichen Äußerungen mancher Bundestagsabgeordneter, die pfauenhaften Allüren

mancher lokalen Parteigrößen schaden dem Ansehen der CDU. Jeder Mandatsträger, jeder Funktionär sollte sein Verhalten einmal prüfen und mit Schuldzuweisungen an den Parteivorsitzenden oder »die in Bonn« zurückhaltender sein. »Die in Bonn« sind nicht allein schuld an der miserablen Lage der CDU.

Zwischenbilanz

1. Dienstfunktion

Die Partei und ihre Vereinigungen haben eine dienende Funktion für den Wähler. Sie sind im Laufe der Jahre zu innerparteilichen Machtkartellen und Karriereschleudern degeneriert. Dem Wähler selbstlos zu dienen, ist wichtiger, als parteiinterne Koalitionen zu bilden zur Eroberung von Posten oder Pfründen.

2. Qualität und Leistung

Das regionale Proporzdenken oder die sogenannte landsmannschaftliche Ausgewogenheit verhindern eine Personalauslese nach den Kriterien Qualität und Können. Es darf nicht ausreichen, ein strammer Partei-»Soldat« zu sein, um parlamentarischer Staatssekretär zu werden. Nach der Regel: »Wird ein parlamentarischer Staatssekretär aus Niedersachsen genommen, dann bitte auch einen aus Nordrhein-Westfalen oder Baden-Württemberg.«
In der CDU sollten nicht länger Mandate nach Vereinigungs- oder Regionalkriterien »ausgemauschelt« werden. Wichtiger ist es, sich an der Bereitschaft und Fähigkeit der Bewerber zu orientieren, welche die CDU beim Bürger glaubwürdig

vertreten und gute Arbeit zum Wohle der Gemeinschaft leisten.
Die meisten parlamentarischen Staatssekretäre sind nur ein Kostenfaktor und höchst überflüssig. Die Affäre »Peenemünde« ist ein Beweis für die lobbyistische Tüchtigkeit und die politische Instinktlosigkeit eines solchen.
Attraktive und kompetente Repräsentanten, kluge Ideen und Phantasie sind wichtiger als die Beförderung von »Parteisoldaten«.

3. Urwahl für alle Ämter

Die Wahlgremien für alle Ämter in der Partei sind so etwas wie ein »Closed Shop«, wie eine geschlossene Gewerkschaft. Mandatsträger, die Beisitzer im geschäftsführenden Vorstand, sollten nicht mehr vom Gesamtvorstand aus-»geklüngelt«, sondern vom Parteitag gewählt werden. So haben alle Mitglieder eines Kreis- oder Landesvorstandes sich nicht einfach zur Wiederwahl aufstellen zu lassen, sondern Rechenschaft zu geben über das, was sie wirklich in dieser Funktion geleistet haben. Die Bla-bla-Reden der Vorsitzenden könnten kürzer ausfallen. Wenn die Zugehörigkeit zu irgendeinem Vorstand weiterhin nur ein Sprungbrett zur Absicherung persönlicher Mandate in Bund, Ländern und Gemeinden bleibt, wird es zu keiner Änderung der Verhältnisse kommen.

4. Sachverstand nutzen

Fachausschüsse und Kommissionen werden weniger mit Fachleuten als vielmehr nach Vereinigungs- und Regionalproporz zusammengesetzt. Auf unabhängige Sachverständige, die keine eigenen Ambitionen auf ein Mandat haben, sondern nur der Partei dienen und ihren Sachverstand zur Verfügung stellen wollen, wird weitgehend verzichtet.

Die Führungsgremien der Partei müssen sich des Sachverstandes aller Mitglieder bedienen, auch jener, die nichts werden wollen.
Die Partei sollte, wenn es notwendig ist, hochkarätig besetzte Fachausschüsse einrichten, den Sachverstand aller begabten Parteimitglieder nutzen.
Diese Fachausschüsse müssen einen inhaltlich und zeitlich begrenzten Auftrag bekommen: zum Beispiel Entwicklung eines fortgeschriebenen Technologiekonzepts für eine Region; der ländliche Raum als Faktor des Umweltschutzes; die Zukunft des bäuerlichen Familienbetriebes; Konzepte für regionale Rundfunk- und Fernsehveranstalter; Vorschläge zum Abbau der Schattenwirtschaft in den einzelnen Bundesländern usw. Dabei ist der Sachverstand bei der Bildung dieser Ausschüsse oder Kommissionen höher zu bewerten als die Zugehörigkeit zur CDU oder einer ihrer Vereinigungen. Es wäre auch zu überlegen, ob auch Nicht-Parteimitglieder herangezogen werden sollten.

5. Quereinsteiger

Ob die CDU von Fall zu Fall sogenannten »Quereinsteigern« ein Mandat anbietet, muß sorgfältig geprüft werden. Mit einigen »Quereinsteiger/Innen«, die auch noch von der Presse zu »Querdenkern« hochstilisiert wurden, hat die Partei nicht die besten Erfahrungen gemacht. Die Quereinsteiger denken oft zu unpolitisch.

6. Kontakte zu den Kirchen

Die Verbindung zur kirchlich gebundenen Wählerbasis ging in den letzten Jahren weitgehend verloren. Man sieht es einigen CDU-Leuten an, daß es ihnen geradezu peinlich ist, daran erinnert zu werden, daß sie katholische oder evangelische Christen sind und einer Kirche angehören. Besonders die aufstrebenden jungen Talente in der Jungen Union, die ja so etwas wie ein Windkanal zur Erprobung politischer Aalglätte ist, tun sich da besonders hervor. Ihre Bezugsperson ist der Zeitgeist, sie sind schwankende Gestalten zwischen Opportunismus und Prinzipientreue. Süffisante Distanz und liberalistische Attitüden stoßen ab, wie sie besonders bei den jungen Abgeordneten zu finden sind. Die stromlinienförmigen Staatsmänner des Jahres 2000 könnten sich in der Beurteilung der Kirchen irren. Die Kirche wird auch die CDU überleben und existieren, wenn diese politischen »Zeitzwerge« längst von allen vergessen unter der Erde liegen. Und vielleicht sollten die angesprochenen Herrschaften einmal an die alte politische Weisheit denken: »Mit Knoblauch und Weihrauch sollte ein Politiker tunlichst behutsam umgehen«.

Die Zukunft gestalten

Phantasie ist notwendig! Was ist damit gemeint? Das Jahr 2000 steht vor der Tür. Zumindest die ersten Jahrzehnte des neuen Jahrhunderts sind von den persönlichen und politisch-kollektiven Entscheidungen von heute und morgen in starkem Maße bestimmt.

Deshalb ist es notwendig, sich heute mit den Entwicklungen jenseits der Jahrtausendschwelle zu beschäftigen. Wenn die CDU das nicht tut oder davor zurückschreckt, dann ist das ein Zeichen von Zukunftsangst und mangelndem Optimismus. Mit Angst können die Menschen nicht leben.

Welche persönlichen Hoffnungen haben die Menschen? Auf Glück! Auf ein erlebnisreiches Leben! Auf eine eigene Familie! Sie haben Angst vor Krankheit, vor Armut und Tod.

Die CDU sollte sich nicht dem Zeitgeist anpassen und die pessimistischen und resignativen Gedankenmodelle und Prognosen übernehmen, die seit Jahren verbreitet werden. Die CDU muß eine Partei sein, die für alle Politikbereiche alternative Lösungskonzepte anbietet. Sie muß Garant prinzipieller Überzeugungen sein. Zahlreiche CDU-Politiker vermitteln den Eindruck, die CDU würde nach dem Grundsatz handeln: »Wir stehen für alles und nichts.« Eine solche Einstellung schafft kein Vertrauen. Politiker dürfen, bei aller notwendigen Flexibilität, nicht Radargeräte des Zeitgeistes sein. Sie müssen Vertrauen und Kompetenz vermitteln.

Sichtet man die wichtigsten Aussagen der Zukunftsdeuter, dann zeigt sich, daß die Optimisten bis 1968 (Protagonisten waren Hermann Kahn, Olaf Helmer) eine Wohlstandssteigerung voraussagten. Dann hatten die Propheten der Resignation und der Hoffnungslosigkeit Konjunktur: Zu erinnern ist hier an die Neue Linke; z. B. philosophierten Herbert Marcuse, Jürgen Habermas, Theodor Adorno, Max Horkheimer neue Ängste herbei. Der Bericht des »Club of Rome« verstärkte diese Bedenken und Ängste, machte sie populär und rückte sie ins allgemeine Bewußtsein. »Die Grenzen des Wachstums« waren »neu« erfunden, weithin falsch verstanden und vielfach ein bequemer Ruhesessel für Resignation. Dieser Bericht ging von einer statischen Betrachtung der Welt und des Menschen aus. Er vernachlässigte den dynamischen Überlebenswillen des Menschen, seine Anpassungsfähigkeit an neue Entwicklungen und seine Lernfähigkeit. Alles, was übrig geblieben ist von den Untergangsprognosen, die auch das Denken der CDU beeinflußten, ist die Erkenntnis, daß wir im Raumschiff Erde leben, eine Erkenntnis, die so umwerfend neu auch nicht ist. Die Aussagen zahlreicher Professoren, die sich mit der Frage der Güterverteilung dieser Erde befaßten, gehören ebenfalls in die Kategorie der Pessimismusaussagen. Dazu zählen auch alle Prognosen über die Entwicklung zwischen den wohlhabenden Industrieländern und den armen Ländern. Die Entwicklung ist über die Untergangspropheten hinweggegangen. Sie blieben Rufer in der Wüste. Alle entwickelten Prognosen und Modelle sind überholt. Alle Ursachen dafür hier darzustellen, ist nicht möglich. Arbeitskreise in der CDU aber müßten sich einmal mit der Problematik von Prognosen beschäftigen. Nicht Pessimismus und Wehklagen begeistern die Jugend und den Wähler, sondern nüchterner Wirklichkeitssinn und Hoffnung sind angebracht.

Prognosen haben ihre Grenzen

Was lehren uns die Erfahrungen? Es ist schwierig, die entscheidenden Elemente für die Beschreibung der Welt von morgen zu finden. Meistens werden bestehende Zustände und Prozesse mit ungeeigneten Meßsystemen beschrieben und hochgerechnet. Die wirtschaftliche Entwicklung erklärt sich nur teilweise aus ihren eigenen Strukturen. Die Wirtschaft ist eine gesellschaftliche Veranstaltung. Der Mensch ist der Maßgebende; das ökonomische Prinzip oder das Rationalitätsprinzip sind nur Teile menschlicher Entscheidungssysteme. Für den Politiker sind sie nur eine bedingte Hilfe. Selbstverständlich brauchen wir Modelle, um die Welt von morgen zu gestalten, aber der Politiker sollte immer daran denken, daß es nur Modelle, so etwas wie Idealtypen sind.
Die Partei muß, wenn sie 1994 in Bund und Ländern die Wahlen gewinnen will, Modelle entwickeln, mit denen die Lebensbedingungen der einzelnen und ganzer sozialer Gruppen verbessert werden können. Sie braucht Bilder mit Phantasie, die Motivationen wecken. Vor allem aber braucht sie keine Schickimickitypen, sondern integre Persönlichkeiten mit Charisma, Fleiß und Solidarität.

3

Maßstäbe christlicher Politik

Übertriebene Reaktionen
Amtspflicht erfüllt
Die Kirchen und die CDU
Keine katholische Partei
Maßvolle Debatte
Kein Kulturkampf
Wie ist man Christ?
Der autonome Mensch
Grenzen der Politik
Christ — Nichtchrist
Distanz und Nähe
Christliche Politik
Heilige Schrift kein Parteiprogramm
Keine »abstrakte Innerlichkeit«
Zentrale Grundsätze
Verschämtes Bekenntnis zum »C«
Katholische Arbeitskreise?

Im Juni 1992 wurde der CDU von Joachim Kardinal Meisner, Erzbischof von Köln, empfohlen, das »C« aus ihrem Namen zu streichen. Es war kurz vor der Abstimmung über den § 218 im Deutschen Bundestag.
In einem Interview in der katholischen Zeitschrift »Weltbild« über den Zeitgeist, politischen Opportunismus und laue Katholiken antwortete Meisner auf die Frage: »Der Kirche pfeift ja derzeit ziemlich vehement der Wind ins Gesicht. Muß die Kirche nicht anders auf die Leute zugehen?«
Meisner: »Zunächst sehe ich das einmal ganz positiv. Ich habe die Kirche nie anders erlebt, als daß der Wind ihr ins Gesicht geblasen hat. Ich bin 1933 geboren. In der Nazizeit blies uns der Wind ins Gesicht. Dann, von 1945 bis 1989, hatten wir unter den Kommunisten gelebt, da hat uns der Wind ins Gesicht geblasen. Und jetzt geht das nicht anders. Ich hätte mich unter den Nazis, unter den Kommunisten ja erschrocken, wenn uns da der Wind in den Rücken geblasen hätte. Ich bin sehr skeptisch, wenn uns diese Welt lobt. Denken Sie daran, daß unser Firmenschild das Kreuz ist. Es erschreckt mich, daß unsere eigenen Leute so verführbar sind, daß sie diesen Gegenwind nicht gewöhnt sind. Das wird meines Erachtens deutlich in der sogenannten christlichen Partei. Es geht in der Diskussion um den Paragraphen 218. Diese Partei erträgt es auch nicht, nonkonform zum Zeitgeist zu leben, sondern sie macht in einer fundamentalen christlichen Frage, wo es nicht um Nuancen von Schrifterklärung geht, sondern wo es buchstäblich um

Leben und Tod geht, gleichsam Anpassungen an den Zeitgeist. Sie verläßt die christliche Nonkonformität, um in eine weltliche Konformität zu gelangen. Damit verliert sie das Recht, das ›C‹ noch weiter zu benutzen.«

Übertriebene Reaktion

Mit ungewöhnlicher Schärfe reagierten führende CDU-Politiker auf diese Sätze. Der stellvertretende CDU/CSU-Fraktionsvorsitzende Heiner Geißler warf dem Kardinal ein »groteskes Mißverständnis der Wirklichkeit und des christlichen Glaubens« vor. Der Zeitung »Bild am Sonntag« sagte Geißler: »Allein der Kündigungsschutz für Schwangere hat den ungeborenen Kindern tausendfach mehr geholfen als alle Kardinäle, Staatsanwälte und Richter zusammengenommen.« Immerhin habe die CDU den dreijährigen Kündigungsschutz für berufstätige schwangere Frauen eingeführt. Außerdem habe sie das Erziehungsgeld und Hilfen für alleinstehende Mütter durchgesetzt. Die von der CDU geschaffene Stiftung »Mutter und Kind« habe bereits 500000 schwangeren Frauen geholfen. Geißler warf dem Kardinal vor, sich seine Äußerung »wirklich nicht gut überlegt« zu haben. Es könne nicht angehen, daß sich christlich nur der nennen dürfe, der den § 218 im Strafgesetzbuch verschärfen wolle, »als ob man die Schwangerschaftskonflikte mit dem Staatsanwalt lösen könnte«. Geißler erklärte, die CDU werde »ihren guten alten Namen zu Recht behalten«. Wie Geißler wiesen auch der CDU-Generalsekretär, Peter Hintze, der Parlamentarische Geschäftsführer der CDU/CSU-Fraktion, Jürgen Rüttgers, sowie der Kölner Bundestagsabgeordnete Dr. Heribert Blens sehr heftig die Kritik Meisners zurück.

Hintze erklärte, offenbar habe der Kardinal den »langen, intensiven und außerordentlich ernsthaften Diskussionsprozeß in der CDU« nicht hinreichend verfolgt. Rüttgers verlangte Respekt vor dem »unterschiedlichen Mandat von Kirche und Politik«. Der Kuriosität halber ist noch zu notieren, daß einer dieser bedeutenden Staatsmänner die Kirchenzeitung von Köln abbestellte. Der betreffende Abgeordnete kritisierte den Kardinal, kann aber anscheinend selber keine Kritik ertragen. Arme CDU, die solche kleinkarierten »Staatsmänner« in ihrer Bundestagsfraktion hat. Joachim Kardinal Meisner liebt das offene Wort. Er ist ein prinzipientreuer Mann. Als Weihbischof beim Apostolischen Administrator Hugo Aufderbeck in Erfurt, später als Bischof von Berlin und Vorsitzender der Berliner Bischofskonferenz (der Bischofskonferenz der DDR) hat er bewiesen, daß eine Kirche wirken und fortbestehen kann, ohne Kompromisse mit den Diktatoren im Unrechtsstaat einzugehen. Andere Kirchenführer meinten, durch die Konzeption einer »Kirche im Sozialismus« den Menschen dienen zu können. Die katholische Kirche und Bischof Meisner haben nie die Illusion einer Partnerschaft mit dem SED-Staat gepflegt. Auch in der Frage des § 218 war die Stellung der katholischen Kirche in der DDR eindeutig. Die dort praktizierte Fristenregelung bei der Abtreibung hatte das entschiedene »Nein« Meisners und seiner Mitbischöfe gefunden. Der Kardinal hatte bereits sehr frühzeitig — nach Bekanntwerden des Einigungsvertrages zwischen der letzten DDR-Regierung und Bonn — nachdrücklich gewarnt, daß der Preis der Einigung in dieser Frage zu hoch sei.

Die Bevölkerung in Mitteldeutschland war im Laufe der letzten fünf Jahrzehnte mit christlichen Wertvorstellungen nicht besonders vertraut. Mehr als 70% der Jugendlichen wurden nicht mehr getauft. Der Kirchenbesuch — von regionalen Ausnahmen abgesehen — war nicht überwältigend. Eine Entwicklung, die in zunehmendem Maße auch in den Kirchen der alten Bundesländer zu beobachten ist.

Amtspflicht erfüllt

Die Diskussion und das Abstimmungsverhalten der CDU-Politiker im Abtreibungsstreit fanden den entschiedenen Widerspruch der Bischöfe. Unter den 32 CDU-Abgeordneten, die mit SPD, FDP, Bündnis 90 und einigen PDS-Parlamentariern gegen die eigene Fraktion stimmten, waren bekannte Mandats- und Funktionsträger. Auch eine langjährige Zugehörigkeit zum Zentralkomitee der deutschen Katholiken war dabei offenbar kein Hinderungsgrund.
Der Kölner Erzbischof hat nur seine Amtspflicht erfüllt, gegen eine Parlamentsentscheidung Stellung zu beziehen, welche die letzte Entscheidung über einen Schwangerschaftsabbruch allein der betroffenen Frau überläßt.
Andererseits: Wegen der Entscheidung einiger Abgeordneter kann man allerdings der Union nicht das »C« absprechen und die Gründung einer neuen christlichen Partei anregen.
Die Bischöfe sind verpflichtet, zu warnen und zu protestieren, wenn politische Parteien oder Regierungen gegen die Menschenrechte verstoßen oder diese mißachten, etwa das Recht auf Leben, Freiheit und körperliche Unversehrtheit.
Im Oktober 1943 veröffentlichten die deutschen Bischöfe einen gemeinsamen Hirtenbrief, der an Hand der Zehn Gebote der von der NSDAP beherrschten Regierung des sogenannten »Dritten Reiches« ihre Übergriffe vorhielt:

> »Keine irdische Macht darf das Leben eines Unschuldigen frevelhaft verletzen und vernichten. Wer ein solches Leben angreift, greift Gott selber an. Tötung (Unschuldiger) ist in sich schlecht, auch wenn sie angeblich im Interesse des Gemeinwohls verübt würde; an schuld- und wehrlosen Geistesschwachen und -kranken, an unheilbar Siechen und tödlich Verletzten, an erblich Belasteten und lebensuntüchtigen Neugeborenen, an unschuldigen Geiseln und

entwaffneten Kriegs- und Strafgefangenen, an Menschen fremder Rasse und Abstammung.«
An der Richtigkeit dieser Mahnung hat sich bis heute nichts geändert. Die Frage nach dem Umgang mit dem menschlichen Leben ist nach wir vor einer der markantesten Prüfsteine einer christlich inspirierten Politik.

Die Kirchen und die CDU

Kritische Worte sind aber auch gegenüber dem Ankläger angebracht. Die CDU wurde nach dem Zweiten Weltkrieg von katholischen und evangelischen Christen gegründet. Aufgrund der Erfahrungen in der Weimarer Republik und im Dritten Reich schlossen sie sich zusammen. In über vierzig Jahren haben in dieser Partei engagierte Christen auch für die Kirchen viel Gutes getan in den Kommunen, Ländern und im Bund. Urteilte hier der Kölner Kardinal nicht zu hart und zu einseitig?
Eine politische Partei ist keine Kirche und die Kirche keine Partei. Oft sahen das die Bischöfe und Prälaten nicht.
Jakob Kaiser, Heinrich Krone, Karl Arnold, Herman Josef Dufhues, Rainer Barzel, Hans Katzer, Heinrich Köppler und Helmut Kohl — um nur einige Namen katholischer Politiker zu nennen, haben sich nie als verlängerter Arm der katholischen Kirche gefühlt. In einer Zeit, in der kirchliche Bindungen in erschreckendem Maß abnehmen, ist das »C« im Parteinamen eher eine Belastung als Unterstützung. Wenn dennoch in den neuen Ländern die CDU 1990 einen solchen Wahlerfolg hatte, dann doch wohl eher wegen ihrer wirtschafts- und sozialpolitischen Kompetenz beim erstrebten Aufschwung Ost.

Keine katholische Partei

Die katholische Kirche, d.h. konkret ihre Bischöfe und politisch engagierten Laien, haben sich damit abzufinden, daß es keine parteipolitische Geschlossenheit unter den deutschen Katholiken mehr gibt und zukünftig auch nicht mehr geben wird. Die kirchliche Autorität für eine Parteigründung einzusetzen, wird im letzten Jahrzehnt dieses Jahrhunderts genauso scheitern wie die vom früheren Bischof von Münster, Michael Keller, und seines damaligen Gehilfen Heinrich Tenhumberg inspirierte Neugründung der »Christlichen Gewerkschaft«. Nur noch unbedeutende Randgruppen plädieren für eine katholische oder christliche Partei, die kaum die Fünf-Prozent-Hürde überwinden und nur die Union schwächen würde. Bei der Mehrheit der katholischen Laien in Deutschland ist der Verzicht auf eine katholische Partei endgültig. Sie wollen keinen politisch-konfessionellen Verband, von Prälaten kommandiert. Sie bejahen ihre staatsbürgerlichen Freiheiten. Die Neugründung einer katholischen Partei kann nur anregen, wer die Entwicklungsgeschichte der CDU in der Bundesrepublik Deutschland nicht kennt oder nicht richtig zu würdigen weiß. Die Katholiken in der CDU/CSU haben durch ihre konfessionelle Zurückhaltung eine unheilvolle Zersplitterung des Parteiwesens nach 1945 verhindert. Diese positive Bewertung der CDU gilt auch dann, wenn notorische Antiklerikale im SPIEGEL und im STERN die CDU als rheinisch-klerikale Partei diffamieren.

Die Durchsetzung christlicher Überzeugungen in der Politik würde durch eine solche Entwicklung nicht verbessert, sondern geradezu unmöglich. Das kann kein Bischof wünschen. Die CDU ist auch für ihre Mitglieder nicht immer in allen Fragen die ideale Partei. Die Kirche war in ihrer Vergangenheit und ist in ihrer Gegenwart auch nicht immer »die« ideale Kir-

che Jesu Christi. Das müßte der Kardinal besser wissen als mancher überforderte Politiker.
Selbstverständlich muß das politische Wirken der Katholiken einen spezifisch christlichen Inhalt haben. Die Politiker der CDU haben die moralischen Normen der Kirche zu respektieren, jedoch ist die Partei kein Transmissionsriemen zwischen Kirche und Politik, keine kirchliche Schutztruppe. In der Politik geht es natürlich auch um sittlich und religiös relevante Entscheidungen und dabei sind religiös-sittliche Handlungsgrundsätze wichtig.
Aufgabe des kirchlichen Lehr- und Hirtenamtes ist es, durch seine Weisungen der christlichen Gewissensbildung zu helfen. Zwar muß man zwischen parteipolitischem und gesellschaftlichem Handeln unterscheiden, jedoch gibt es keine absolute Trennung zwischen Kirche, Gesellschaft, Partei und Staat. Sie existieren höchstens rein theoretisch als autonome Gebilde nebeneinander, in Wirklichkeit sind sie unauflösbar miteinander verbunden. Gerade die Diskussion um die Abtreibung macht dies deutlich.

Maßvolle Debatte

Liest man den stenographischen Bericht der sogenannten Abtreibungsdebatte in aller Ruhe durch, dann läßt sich eine Kulturkampfstimmung nicht feststellen. Engagierte katholische und protestantische Kreise vermißten, wie schon erwähnt, in der Debatte die Wortmeldungen des Parteivorsitzenden Helmut Kohl und des CDU/CSU-Fraktionsvorsitzenden Wolfgang Schäuble.
Man wirft ihnen vor, daß sie am 20. Juni 1991 im Bundestag für Berlin als Hauptstadt und Regierungssitz plädierten, in der Abtreibungsdebatte jedoch schwiegen. Dieses Schweigen

wurde ihnen als Führungsschwäche angelastet. Man kann dieses Schweigen aber auch anders interpretieren. Wer in den Tagen vor und nach der Diskussion im Bundestag aufmerksam die Zeitungen gelesen hat, konnte bei der Lektüre erfahren, daß sich Kohl und Schäuble klar und deutlich gegen den Gruppenantrag in der Bundestagsfraktion der CDU/CSU ausgesprochen hatten und unmittelbar nach der Entscheidung auf die Klage in Karlsruhe drängten. War das nicht ziemlich unlogisch? Dieses Verhalten störte viele Wähler der CDU. Die Vermutung, daß nach der Mehrheitsentscheidung für den Gruppenantrag der Kanzler in den Medien gegen Frau Süssmuth ausgespielt worden wäre, dürfte richtig sein. War es deshalb gut, daß der Kanzler schwieg?

Fragen aber bleiben nicht nur im Hinblick auf den Kanzler. Haben die Abgeordneten, wenigstens soweit sie der CDU/CSU angehören, vergessen, daß der Mensch nur die treuhänderische Verwaltung, nicht jedoch die uneingeschränkte Verfügungsmacht über das menschliche Leben hat? Die Pflicht, das Leben zu schützen, bindet nicht nur den einzelnen Menschen, sondern jede menschliche Gemeinschaft.

Die Abgeordneten haben es sich mit der Entscheidung nicht leicht gemacht. Auch wenn man das mit Mehrheit verabschiedete Gesetz mißbilligt, muß man doch den Abgeordneten zugestehen, daß sie jeweils von ihren Wertpositionen her mit einer großen Verantwortung für den Schutz des Lebens sprachen. Ein neuer Kulturkampf ist nicht auszumachen, auch wenn es starke antikirchliche und antiklerikale Tendenzen in der Bundesrepublik gibt. Wenngleich der Ausgang der Entscheidung in der Tat bereits bestehende Zweifel an der Prägekraft des »C« im Parteinamen genährt hat, sollte die Diskussion um den § 218 nicht zu einem Bruch zwischen der katholischen Kirche und der CDU hochstilisiert werden.

Kein Kulturkampf

Seit Bismarcks Zeiten sind die Liberalen und Sozialdemokraten nicht kirchenfreundlicher geworden. Aus rein taktischen Gründen pflegen jedoch heutzutage die Partei- und Fraktionsführungen regelmäßige Kontakte zu den Kirchen, weil man ihren Einfluß nicht genau abschätzen kann. Die Kirchen werden beobachtet, sich ausbreitender Pluralismus sowie Rückgang des Kirchenbesuches werden mit Genugtuung registriert und zum Teil auch ausgenutzt, so durch mehr oder weniger verdeckte Einmischung (bzw. Parteinahme) in innerkirchlichen Auseinandersetzungen und manchmal auch rüder Polemik gegen einzelne Bischöfe bzw. »die Amtskirche«.
Zur Zeit der Abfassung des Godesberger Programms (1959) war die SPD intensiv bemüht, ein vernünftiges Verhältnis zur katholischen Kirche zu gestalten. Insbesondere Herbert Wehner und Willi Eichler sowie die katholischen Sozialdemokraten Georg Leber und Hermann Schmitt-Vockenhausen engagierten sich diesbezüglich. Um mehrheits- und regierungsfähig zu werden, bemühte sich die SPD, sich als Volkspartei zu profilieren, dies erforderte, auch Katholiken als Wähler und Mitglieder zu gewinnen.
In der jüngsten Vergangenheit schlägt in der SPD, zum Teil begünstigt durch reduzierte kirchliche Geschlossenheit, der areligiös geprägte Zeitgeist durch. Auch Hans-Jochen Vogel — erster Katholik im Amt des Partei- und Fraktionsvorsitzenden — hat daran nichts geändert. Zwar sind heute 39 Bundestagsabgeordnete der SPD katholisch, doch über deren Kirchenverbundenheit gibt das Abstimmungsverhalten am 25. Juni 1992 bei der Neuregelung des § 218 Aufschluß. Nur der katholische SPD-Bundestagsabgeordnete Robert Anstetter hat mit NEIN gestimmt. Außer Robert Anstetter verweigerte noch der evangelische Axel Wernitz unter vorwiegend verfassungsrechtlicher Motivation dem Abtreibungsgesetz die Zu-

stimmung. — Allen katholischen Abgeordneten muß die Position der ihrer Kirche bekannt gewesen sein, daß das Fristenmodell die mit der Lehre der Kirche unvereinbarte Position ist. Bei der Abstimmung zu diesem Gesetz gab es keinen Fraktionszwang. Standhaftes Verhalten im Sinne der Kirche und letztlich auch im Interesse der SPD als Volkspartei, die auch kirchenverbundenen Katholiken politische Heimat sein will, waren möglich.*

Hans-Jochen Vogel und Wolfgang Thierse nutzten als Katholiken diese Chance nicht, sie engagierten sich für optimale Geschlossenheit, sie schwiegen auch zu kirchenfeindlichen Äußerungen einzelner, vor allem weiblicher Abgeordneter.

Bemerkenswert ist, daß Wolfgang Thierse — angeblich ein Freund des Limburger Bischofs Franz Kamphaus — trotz seines Eintretens für das Fristenregelungsmodell in einem KNA-Interview im Frühjahr 1991 vom Diözesanrat der Berliner Katholiken im Dezember 1991 als einer der drei Vertreter in das Zentralkomitee der deutschen Katholiken (ZdK) delegiert wurde.

Die Berliner Katholiken sollten über diese Vertretung im ZdK ernsthaft nachdenken. Wenn Herr Thierse ein Gefühl für Takt und Anstand besitzen würde, dann zöge er selbst die Konsequenzen. Ähnliches gilt auch für den CDU-Bundestagsabgeordneten Heribert Scharrenbroich, der ohne vorherige Ankündigung für die Fristenregelung stimmte. Das ZdK setzte seine Glaubwürdigkeit als höchstes katholischen Laiengremium in Deutschland aufs Spiel, wenn ihm angehörende Bundestagsabgeordnete einem Tötungsgesetz für ungeborene Kinder zustimmen.

* Vgl. Prauß, Herbert: Über das Verhältnis von Sozialdemokraten zur katholischen Kirche, in: Kirchenzeitung 40/92, S. 3; Dr. H. Prauß war bis März 1992 langjähriger Kirchenreferent der SPD-Bundestagsfraktion.

Im Vorfeld der Abtreibungsdebatte zeichnete sich der Politisch-Parlamentarische-Pressedienst der SPD vom 23. Juni 1992 aus. Unter der Überschrift »Katholische Kampagne«* konnte man dort eine Diffamierung der Bischöfe nachlesen. Herbert Wehner hätte so eine Flegelei nicht ungerügt gelassen. Dieser antikirchliche Stil fand sich bei den Nazis im »Stürmer« des unseligen Julius Streicher bzw. im »Schwarzen Korps« des Heinrich Himmler.

* »Die katholischen Würdenträger Meisner, Lehmann, Dyba und andere sprechen dem Deutschen Bundestag das Recht ab, eine Fristenlösung mit Beratungspflicht zu beschließen. Sie sagen, die Abgeordneten hätten keine Legitimation, über Tod und Leben zu befinden. Auch wenn in der Hitze der 218-Diskussion manche Übertreibung und Polemik verständlich sein mag, kann doch ein solcher Affront nicht unwidersprochen bleiben, weil er Grundfragen der demokratischen Verfassung berührt. In ihrem Eifer greifen die frommen Oberpriester zu unfrommer Lüge, denn in Wahrheit ändert das Parlament nur einen Paragraphen des Strafgesetzbuches und regelt dabei die Bedingungen, unter denen der Staat eine Abtreibung künftig strafen soll oder nicht. Dem freigewählten Parlament das Recht dafür zu verneinen, ist ein starkes Stück. Die allein seligmachende Kirche hat keine Probleme damit, wenn die CDU darangeht, etwa junge Männer in Kampfeinsätze für westliche Wirtschaftsinteressen zu schicken und ihre Dogmen sind auch nicht verletzt, wenn die Überbevölkerung in vielen Ländern der Dritten Welt zu Hungertod, Krieg und Naturzerstörung führt. Auf dem Katholikentag in Karlsruhe zelebrierte der berüchtigte Bischof Dyba einen Wehrgottesdienst, gleichsam um anzudeuten, wie er sich die Regulierung der Überbevölkerung vorstellt. Wie steht es mit der Legitimation der Prälaten, in öffentlichen Angelegenheiten derart militant zu agitieren. Natürlich hat Herr Meisner, anders als in seinem früheren Wirkungskreis, das Recht dazu wie jeder andere Bürger. Aber er spricht nur für sich und seine Amtsbrüder. Niemand hat ihn in seine Funktion gewählt, er verkündet, was der Papst in Rom ihm vorschreibt, der ihn eingesetzt hat. Die bedauerliche Tatsache, daß die Kirche aus Steuermitteln finanziert wird, macht sie noch nicht zu einer demokratischen Institution. Die mittelalterlichen Kostüme und Requisiten, in denen die Oberhirten stolzieren, sind jedenfalls weder ein Ausweis für ein Mandat noch für staatsmännische Weisheit, höchstens für patriarchalischen Starrsinn und Hochmut. Die verbalen Exzesse dieser klerikalen Fundamentalisten werden wirklich langsam ein Ärgernis. So zum Beispiel, wenn die Kirchenzeitung jetzt in Massenauflage in Bonn verteilt wird, die katholische Kampagne mit dem Widerstand gegen den Unrechtsstaat der Nazis gleichgesetzt wird, wo sie sich auch für die Schwachen eingesetzt habe. Wirklich? Manchem scheint es, daß die katholische Kirche sich heute vernehmlicher hören läßt als damals. Entscheidend aber ist, daß im demokratischen Rechtsstaat der Kirchen-Einfluß auf die Gesetzgebung so gering wie möglich bleiben muß. Die Interessen und Bestrebungen der Kirche sind nicht immer kompatibel mit einem aufgeklärten und sozialen Gemeinwesen.«

In der SPD-Bundestagsfraktion gab es äußerst antikatholische Äußerungen der stellvertretenden Vorsitzenden der SPD-Bundestagsfraktion Ingrid Becker-Inglau und von Ingrid Mattäus-Maier.

Trotz dieser peinlichen Begleiterscheinungen bleibt festzustellen: Es gibt keinen Kulturkampf in der Bundesrepublik wie im vergangenen Jahrhundert.

Was waren seine Merkmale? Die 1871/75 beschlossenen Kulturkampfgesetze nahmen der Kirche ihre alte verfassungsmäßige Rechtsstellung, stellten Ausbildung, Ernennung, Entlassung, die Amtsführung der Geistlichen und die Verwaltung des Kirchenvermögens unter Staatsaufsicht. Die nicht der Krankenpflege dienenden Orden und Kongregationen wurden verboten, die diplomatischen Beziehungen zum Vatikan abgebrochen. Geld- und Gefängnisstrafen sowie Landesverweisung sollten die Durchführung der Gesetze erzwingen. Sieben Bischöfe wurden von der Landesverweisung betroffen. Dies alles ist doch heute nicht der Fall! Kardinal Meisner irrt in der politischen Lagebeurteilung, wenn er eine solche Parallele zieht.

Nur eine Behauptung, die in der Abtreibungsdebatte immer wieder vorgetragen wurde, ist richtig zu stellen: Die Kirche wolle ihre Wertvorstellungen durch Gesetz allen anderen Bürgern, Gläubigen und Nichtgläubigen, aufzwingen. Dies ist in der Gesetzgebung wohl immer so. Im Bundestag haben die Befürworter der Fristenregelung ihre Wertvorstellungen vom Töten durchgesetzt und alle, die eine Indikationslösung befürworten, per Gesetz vergewaltigt. Wann stimmen diese Abgeordneten für die Sterbehilfe, für die Euthanasie?

Den wertneutralen Staat gibt es nicht. Immer setzt die Mehrheit ihre Meinung mehr oder weniger durch, ganz gleich, ob sie nun richtig oder falsch ist. Diese Erkenntnis scheint sich in einigen Redaktionen noch nicht durchgesetzt zu haben, wenigstens nicht im STERN, nicht im SPIEGEL, nicht in der ZEIT und auch nicht in dem von den Bischöfen finanzierten RHEINISCHEN MERKUR.

Wie ist man Christ?

Im Neuen Testament finden wir die Antwort: Christ ist, wer die Liebe hat. Matthäus berichtet von einer Fangfrage eines Gesetzeslehrers: »Meister, welches Gebot im Gesetz ist das wichtigste? Er antwortete ihm: Du sollst den Herrn, deinen Gott, lieben mit ganzem Herzen, mit ganzer Seele und mit all deinen Gedanken. Das ist das wichtigste und erste Gebot. Ebenso wichtig ist das zweite: Du sollst deinen Nächsten lieben wie dich selbst. An diesen beiden Geboten hängt das ganze Gesetz samt den Propheten.«*

Paulus sagt: »Alles, was ihr tut, geschehe in Liebe.«** Und: »Ihr seid zur Freiheit berufen, Brüder. Nur nehmt die Freiheit nicht zum Vorwand für das Fleisch, sondern dient einander in Liebe.«*** Der Richter am Ende der Tage, so berichtet Matthäus, fragt nicht nach Wissen, nicht nach Einfluß und Macht, nicht einmal nach einem mehr oder minder vollständigen Glauben, sondern allein nach der praktizierten Bruderliebe. »Amen, ich sage euch: Was ihr für einen dieser Geringsten nicht getan habt, das habt ihr auch mir nicht getan. Und sie werden weggehen und die ewige Strafe erhalten, die Gerechten aber das ewige Leben.«****

Diese Aussagen können so zusammengefaßt werden: Wer in jedem Menschen den unbekannten Gott erkennt und anerkennt, der ist Christ. Diese Aussage bedarf aber der Ergänzung. Der Christ soll die Gottes- und Nächstenliebe radikal verwirklichen, aber sicher ist, daß es dabei immer bei unvollkommenen Versuchen bleiben wird, denn jeder Christ ist auf gebrochene Weise Mensch; er ist Egoist wie jeder Mensch. Dieser Egoismus ist eine ständige Begleiterscheinung; er qua-

* Mt 22, 36ff.

** 1. Kor. 16,14.

*** Gal. 5,13.

**** Mt. 25, 45f.

lifiziert zutiefst eine Eigentümlichkeit des Menschen, welche das Testament Sünde nennt. »Sünde«, nicht verstanden in einem vordergründigen Sinne, sondern als Struktur des Menschen, als zweites Ich. »Sünde«, verstanden als Seinsweise, ist nicht zuerst Unmoral, sie ist eine menschliche Eigenart, die alles auf sich bezieht. Sünder ist dann schon der Mensch, der glaubt, er verdanke alles in dieser Welt sich selbst. Sünder ist der Mensch, wie Paulus sagt, der nicht Gott die Ehre gibt, sondern allein sich. Sünde ist dann die Grundbefindlichkeit des Menschen, weil er nur von sich her urteilt, sich selbst zum Maßstab setzt, nur seinen eigenen Leistungen vertraut. Dieser Mensch lebt nur aus dem Sichtbaren, dem Machbaren, dem Herstellbaren. Für einen solchen Menschen ist nur das eigene Ich Maßstab für die Gerechtigkeit.

Der autonome Mensch

Das Johannesevangelium erschließt uns einen anderen Zugang: Sünde ist die »Welt«. Damit ist nicht die erfahrbare Welt, in der wir leben, gemeint, nicht die Welt als Schöpfung, als Ort, wo sich der Mensch bewährt, das ewige Leben gewinnt oder verspielt. Johannes wertet die Leistungen der Kultur und die Arbeit in dieser Welt nicht ab. Zwar haben die Christen im Laufe der Geschichte die »Welt« oft so verstanden. Für den Evangelisten Johannes ist die »Welt als Schöpfung« gut, aber das Wort »Welt« meint bei ihm wiederum eine böse Grundbefindlichkeit des Menschen. Die Menschen sind von »der Welt«, die sich autonom verstehen, die scheinbar niemanden brauchen. Das sind die Menschen mit den normalen Traditionen, Werten und Normen, die sich selbst und ihre Leistungen zum letzten Maßstab erheben. Das sind aber auch jene, für die es nur diese Welt gibt und kein ewiges Leben. Auf unsere Welt von heute und auf die Politik angewandt kann man sagen: Wer das letzte Heil, die letzte Sicherheit im Diesseits sucht und von der Politik erwartet, wer die nur von Gott zu erwartende letzte Vollendung in die Möglichkeiten des Menschen selber legt, der ist von der »Welt«. Diese Welt aber, daran läßt das Neue Testament keine Zweifel, ist eine Welt, die als Widerpart Gottes verstanden werden muß.

Grenzen der Politik

Die Botschaft Jesu Christi lehrt uns: Die Welt des Vorläufigen ist nicht alles. In Jesus Christus ereignet sich die endgültige Bestimmung des Menschen für Gott. Seine Auferstehung von den Toten eröffnet der Welt absolutes Leben, absolute Zukunft, die nicht mehr ins Leere laufen wird. Christus bringt Heil, das heißt nichts anderes als die Erfüllung der letzten menschlichen Sehnsucht, auf die wir angelegt sind; eine Sehnsucht nach dem Vollkommenen, nach der harmonischen Ganzheit unseres Lebens, die wir aus uns und durch die Mittel der Politik nicht erreichen können. Der Christ weiß, daß wir Menschen das Heil nicht einfach machen können. Immer bleiben in unserem Leben, selbst wenn es noch so erfüllt ist, unerfüllte Wünsche, Ungerechtigkeiten, Unvollkommenheiten. Der Mensch wird erst ganz »heil« durch die Erlösung Jesu Christi; in ihr wird unser Wesen vollendet, und diese Erlösung liegt in der Zukunft. Das Glück des Menschen, sein Heil liegt im Kern jenseits unserer normalen Welt, der Innen-, Außen-, Sozial- und Wirtschaftspolitik.
Keine Politik kann den Menschen ein letztes Glück, eine absolute Sicherheit verschaffen; denn Glück und Heil sind da, wo unsere Vergangenheit, Gegenwart und Zukunft eins sind. Solche Einheit ist nur denkbar, wenn wir mit Gott, mit uns, den Mitmenschen und der Welt eins sind.

Christ — Nichtchrist

Jede Zeit und jede Gesellschaft erwartet von den Kirchen und den Christen Mitarbeit und Stellungnahmen zu aktuellen Ereignissen. Dabei bedienen sich die Christen der allgemeinen politischen, wirtschaftlichen, sozialen und wissenschaftlichen Erkenntnisse und Mittel. Doch nach diesen werden die Menschen die Christen nicht fragen, weil dies in Politik und Wissenschaft alle können. Man wird die Christen, gerade die politisch Tätigen, nach dem Besonderen fragen; denn wenn Christsein überhaupt einen Sinn haben soll, darf es sich nicht mit den Erkenntnissen begnügen, die sich jeder aneignen oder über die jeder verfügen kann. Die Christen müssen, wenn sie wirklich Christen sein wollen, auch im politischen Handeln das bekennen, was man eben nur der Offenbarung Gottes an den Menschen entnimmt. Auch wenn die Offenbarung nur als Mitteilung sonst nicht erkennbarer Wahrheiten verstanden wird, so glauben die Christen, daß diese Offenbarung etwas Eigenes, Besonderes aufweist, das keine Wissenschaft, kein Weltwissen je vermittelt. Diese Erkenntnis, die nur der christliche Glaube kennt und bekennt, lautet: Mensch und Welt sind gespalten, dem Egoismus, dem Ich, verfallen. Zugleich ist für sie das Zeichen des Kreuzes ein Merkmal der Versöhnung. Mit anderen Worten: Gott hat mit Jesus Christus grundsätzlich die Spaltung und Verfallenheit der Menschen überwunden. Er hat uns gezeigt, wie sich der Mensch verstehen kann, wie er zu sich selbst und seiner Umwelt sein muß.

Dieses neue Verständnis des Menschen und seiner Umwelt hat politische Konsequenzen. Durch einen Bewußtseinswandel verändert sich für uns die Umwelt. Wer aufhört, auf das Vordergründige, auf das Sicht- und Machbare zu vertrauen, wer statt dessen »geistig« wird, wie Paulus es nennt, hat den »alten Menschen ausgezogen«, ist »neu« geworden. Und indem er »neu« geworden ist, ist auch sein Weltverhalten anders geworden. Das Gebot der Gottes- und Nächstenliebe erinnert ihn daran, auf entscheidend christliche Weise Mensch zu sein.

Distanz und Nähe

Der Christ weiß, daß diese Welt als Schöpfung Gottes gut ist. Aber er glaubt auch zugleich, daß die Welt nicht die letzte, nicht die endgültige Manifestation Gottes ist, sondern daß ihr jetziger Zustand, auch die Beschaffenheit der Gesellschaft im Jahre 2000, immer nur unvollkommen und vorläufig ist. Und als Folge dieser Erkenntnis des Vorläufigen weiß der Christ, daß er sich an diese Welt nicht mit letzter Konsequenz hingeben kann; die Würde des Menschen als Ebenbild Gottes wird gerade dann gewahrt, wenn der Mensch sich gleichzeitig in Distanz und Nähe zur Welt, zum Politischen, zur Gesellschaft verhält. Nur wer innerlich frei zu sich und seiner Umgebung ist, kann sich auch frei in seiner Welt bewegen.
Distanz und Nähe sind zwei Worte, die sich auszuschließen scheinen und die dennoch für das Welt- und Menschenverständnis des Christen entscheidend sind. Nur wer die immer wieder zu erwerbende Distanz zur Welt besitzt, kann ihr nahestehen. Diese Tendenz bewegt auch die Predigt Jesu gegen die politischen und religiösen Machthaber seiner Zeit. Es geht ihm nirgendwo direkt um soziale, wirtschaftliche oder politische Reformen, sondern darum, Selbstsicherheit, Selbstgerechtigkeit, Heuchelei, Eigennutz und Gesetzlichkeit als falsche Grundweisen des Menschen zu entlarven.
Die Offenbarung Jesu Christi lehrt uns, daß es zwei fundamentale Wahrheiten gibt: Welt und Menschen stehen ebenso unter dem Zeichen der Versöhnung wie unter dem Zeichen

des Kreuzes. Das bedeutet einen unendlichen Optimismus. Die Geschichte ist durch die Erlösung innerlich sinnvoll geworden. Das Wahre und Gute in allen Formen ist niemals vergebens. Es ist zugleich aber utopisch zu meinen, man brauche nur alle Kräfte zu mobilisieren, um das irdische Paradies zu schaffen, dies wird es nie geben und bleibt ein Traum.
Der Glaube an die Auferstehung Jesu Christi eröffnet einen unbegrenzten Geschichtshorizont, eine ins Unendliche fortschreitende Hoffnung, dazu kommt für den Christen das Kreuz. Hoffnung und Scheitern, Erfolg und Mißerfolg stehen in christlicher Sicht in einer seltsamen, nicht mehr auflösbaren Paradoxie.
Der christliche Politiker wird immer wissen, daß sein Handeln wichtig ist für die Gestaltung gerechter Strukturen in dieser Welt, aber letztes Glück, eine heile Welt, das Paradies, wird er den Menschen nicht versprechen können.

Christliche Politik

Gibt es eine christliche Politik?
Das zweite Vatikanum stellt in der Pastoralkonstitution fest: »Wurzelgrund, Träger und Ziel aller Sozialgebilde ist und muß die menschliche Person sein, die durch ihre Natur des sozialen Lebens bedarf.«*
Wesen und Sinn der Person sind unlösbar mit der Freiheit verbunden. Weder eine einseitige Übersteigerung der Freiheit noch ihre Leugnung entsprechen dem christlichen Menschenbild. Norm und Maß für das Handeln eines christlichen Politikers ist das allgemeine Wohl, das der Staat entsprechend seiner geschichtlichen Lage und Aufgabe zu bestimmen hat in Einklang mit den Zehn Geboten und dem Naturrecht.

* Gaudium et spes 25.

Der christliche Politiker wird immer die Eigenrechte der menschlichen Person und der gesellschaftlichen Gruppen, die Freiheitsrechte sind, anerkennen, schützen und in seinem politischen Handeln berücksichtigen, und er wird eine einträchtige Zusammenarbeit mit den übrigen Völkern und Staaten suchen.

Heilige Schrift kein Parteiprogramm

Die katholische Kirche und das Christentum in seinen zahlreichen konfessionellen Erscheinungsformen können nicht mit einer bestimmten Gesellschafts-, Staats- oder Wirtschaftsordnung gleichgesetzt werden. Die Heilige Schrift bietet kein konkretes Programm für die Wirtschafts- oder Sozialpolitik. Der religiöse Glaube kann keinen Strom erzeugen, keine Autos bauen, keine Brücke konstruieren, keinen Krebs beseitigen. Die Politik kann aus der praktizierten Moral ihrer Bevölkerung Gewinn ziehen, um z. B. konkrete Gerechtigkeitsforderungen durchzusetzen. Aber das bedeutet nicht, daß die Politiker sich zu Sinndeutern der Welt entwickeln und die Theologen zu Politikern.

Die Heilige Schrift ist für alle Zeiten der Geschichte und für alle Menschen in der Welt bestimmt, gleichgültig, in welcher Gesellschaftsform sie leben. Ihre Schwerpunkte sind die Fragen der Erlösung, der Gnade und des Erbarmen Gottes. Diese Welt ist nicht das verheißene Gottesreich. Aber das wirtschaftliche, soziale und politische Handeln steht unter dem Richterspruch Gottes.

Die Christen dürfen nie vergessen, daß diese Welt immer unvollkommen bleiben, es strukturelle Mängel und Laster geben wird.

Wenn die katholischen Christen in den Glaubenssätzen einig sind, so können sie, wenn es um politische Urteile geht, sehr unterschiedlicher Meinung sein. Eine öffentliche Auseinandersetzung über bestimmte politische Optionen ist deshalb nicht zu fürchten.

Die Christen, welche die CDU kritisieren, müssen bedenken, daß sich aus dem Neuen Testament kein praktisches, detailliertes, soziales, wirtschaftliches, außenpolitisches oder verteidigungspolitisches Programm ableiten läßt. Die Glaubensbotschaft Jesu Christi verändert eine Gesellschaft politisch und sozial nicht durch direkte Handlungsanweisungen für diese oder jene sozial-, wirtschafts- oder verteidigungspolitische Frage, z. B. für eine gerechte Regelung der Pflegeversicherung, Finanzierung der neuen Länder oder des Einsatzes deutscher Soldaten außerhalb des NATO-Bereiches. Veränderungen bewirkt der indirekte, aber höchst wirksame Hinweis auf die Grundweisen menschlicher Existenz: das Liebesgebot, die Überwindung der Sünde und das rechte Verhalten zur Welt. Die bestehenden wirtschaftlich-sozialen Verhältnisse lassen sich nur bedingt und unvollkommen durch konkrete politische Programme ändern. Sie ändern sich nur infolge der Wirkung des beispielhaft gelebten evangelischen Glaubens. Wer das Evangelium ernst nimmt, kann nicht mehr unsozial und unmenschlich sein.

Christen, besonders auch katholische Kreise, welche die Unionsparteien kritisieren, müssen endlich einmal zur Kenntnis nehmen: Innerhalb der Kirche existieren Gruppen mit differenzierten politischen Meinungen, es gibt einen normalen theologischen, politischen und sozialen Pluralismus quer durch alle christlichen Kirchen hindurch.

Jeder Christ, auch der christliche Politiker, muß das Gebot der Gottes- und Nächstenliebe in seiner jeweiligen Umwelt verwirklichen. Bei diesem Verwirklichungsprozeß spielen Erfahrung, Wissen und Verantwortung eine entscheidende Rolle. Die Kirchen dürfen diesen Ermessensbereich, der dem politisch handelnden Christen als Freiheitsraum zugewiesen ist, niemals einschränken. Geschähe dies, dann würde eine Klerikalisierung der Politik eintreten, die unerwünscht und unangemessen ist. Die kirchlichen Amtsträger — das können Theologen und Laien sein — würden sich dann an die Stelle der Politiker setzen, die diesen Sachverstand kraft Wissen, Leistung, Erfahrung und göttlichen Auftrags haben.

Keine »abstrakte Innerlichkeit«

Die Kirche kennt eine objektive, der freien Entscheidung des Menschen von Gott vorgegebene Struktur der Wirklichkeit. Daher verkündet sie Grundsätze für das menschliche Handeln. Für das Leben sind sie von großer Bedeutung. Eine abstrakte Innerlichkeit ist der katholischen Kirche fremd. Deshalb wendet sich die Kirche lehrend und fordernd an die Menschen: Du sollst nicht stehlen, nicht ehebrechen, nicht lügen, nicht töten usw. Diese materialen Normen sind von den Christen zu beachten und immer wieder zu überdenken. Die Verkündigung dieser Prinzipien ist eine »notwendige und heilsame Aufgabe«.*

Zentrale Grundsätze

Fünf Prinzipien stehen in der katholischen Soziallehre an zentraler Stelle, die auch für ein Grundsatzprogramm der CDU wichtig sind: Würde und Einmaligkeit jeder einzelnen Person, Freiheit, Gerechtigkeit, Subsidiarität und Solidarität. Die Päpste haben sich dazu wie folgt geäußert:

* Vgl. dazu Rahner, Karl: Grenzen der Kirche — Wider klerikale Triumphalisten und laikale Defaitisten, in: Wort und Wahrheit 19 (1964) 249—262.

»Jedem menschlichen Zusammenleben, das gut geordnet und fruchtbar sein soll, muß das Prinzip zugrunde liegen, daß jeder Mensch seinem Wesen nach Person ist. Er hat eine Natur, die mit Vernunft und Willensfreiheit ausgestattet ist; er hat daher aus sich Rechte und Pflichten, die unmittelbar und gleichzeitig aus seiner Natur hervorgehen.«* »Nach dem obersten Grundsatz dieser Lehre muß der Mensch der Träger, Schöpfer und das Ziel aller gesellschaftlichen Einrichtungen sein. Und zwar der Mensch, sofern er von Natur aus auf Mit-Sein angelegt und zugleich zu einer höheren Ordnung berufen ist, die die Natur übersteigt und diese zugleich überwindet.«**

Erstes Prinzip:
Die unveräußerliche Würde jedes einzelnen Menschen.

Jeder Mensch ist nach dem Bilde Gottes geschaffen. Weil er vernunftbegabt ist, d. h. ein mit Geistigkeit versehenes Wesen, erhebt er sich über alle anderen Geschöpfe dieser Welt. Das macht seine Gottähnlichkeit und seine Würde aus. »Wurzelgrund, Träger und Ziel aller Sozialgebilde muß die menschliche Person sein, die durch ihre Natur des sozialen Lebens bedarf.«*** Dieses oberste Prinzip ist das ethische Fundament für die unantastbare Würde der Person. Jeder Mensch besitzt als Person einen eigenen Wert, der einmalig ist. Jeder Mensch, ganz gleich, welcher Rasse oder Klasse, ob alt oder jung, geboren oder ungeboren, gesund oder krank. Die vernunftlosen Dinge dieser Welt, alle Güter, haben dem Menschen zu dienen. Er ist der Herr dieser Welt.

* Pacem in Terris, 9.
** Mater et Magistra, 219.
*** Gaudium et spes, Nr. 25.

Zweites Prinzip: Die Freiheit.

Freiheit ist die »der Person verliehene Möglichkeit, aus eigener Entscheidungskraft den Sinn des Daseins zu verwirklichen und sich im Tun des Guten zur Persönlichkeit zu entfalten. Persönlichkeitsentfaltung bedeutet in der Beziehung zum Mitmenschen, die in der gemeinsamen Gottebenbildlichkeit begründete Personwürde und Gleichheit des anderen anzuerkennen und ihm ebenfalls den Raum für die freie Entfaltung seiner Person zu gewähren.«* Der menschliche Wille ist frei. Die Ursache der Freiheit ist das geistige Erkenntnisvermögen. Wo kein Erkennen ist, da ist kein Wollen, vor allem kein freies Wollen. Der menschliche Wille ist keine blindlings handelnde Fähigkeit. Der Mensch wählt, er entscheidet sich nach Überlegung. Er sagt ja oder nein, indem der Verstand das Für und Wider klug erwägt bzw. erwogen haben sollte.** Selbstbestimmung meint nicht Willkür, nicht Schrankenlosigkeit, nicht allseitige Ungebundenheit. Für Thomas von Aquin ist darum die Willensfreiheit nicht einfach das Recht der Selbstbestimmung, sondern das Vermögen, unter Wahrung der Ordnung zum Ziel die Mittel zu wählen.*** Die Würde der menschlichen Person konkretisiert sich in der individuellen Willensfreiheit. Diese ist Grundlage der Wertordnung von Staat, Wirtschaft und Gesellschaft.

Drittes Prinzip: Die Gerechtigkeit

Die Gerechtigkeit betont die Rechts- und Gerechtigkeitspflichten gegenüber Personen, nicht gegenüber der vernunftlosen Natur. Der Mensch hat zur Pflanzen- und Tierwelt eine

* Klüber, Franz: Katholische Gesellschaftslehre, Osnabrück 1968, 783.
** Vgl. Thomas von Aquin: Summa theologiae I 83, 1.
*** Vgl. a. a. O., I 62,8 ad 3; I 83,4.

Zweck-Mittel-Beziehung. Nur dem Menschen gegenüber gibt es den Bereich des Rechtes.

Die Personwürde ist die nächste und ursprünglichste Grundlage des Rechts. In dem Augenblick, in dem ein Mensch gezeugt ist und die geistige Seele besitzt, ist er bereits als menschliche Person in der Welt, ist Forderungsträger von Rechten, die von dem Mitmenschen anerkannt werden müssen.

Jeder Mensch besitzt aufgrund seiner Personwürde und besonderen Lebensumstände ein Anrecht auf Dinge, Handlungen und Forderungen. Diese Rechtsansprüche sind teils durch das Naturrecht, teils durch das positive Gesetz festgelegt und umschrieben. Die Gerechtigkeit hat dafür zu sorgen, daß diese rechtlichen Beziehungen nach dem Urteil der Vernunft beachtet werden.

Seit über hundert Jahren existiert der Begriff der sozialen Gerechtigkeit. Dieser Begriff wird sehr unterschiedlich gebraucht. Aber alle verstehen darunter die Tugend, die über den Kreis des Persönlichen und der Familie in die Institutionen von Gesellschaft und Staat hinausreicht. Soziale Gerechtigkeit ist die Tugend, die Einzelpersonen praktizieren in Gemeinschaft mit anderen, um im öffentlichen Bereich Gutes zu erstreben, das der einzelne für sich nicht erlangen kann. So sind z. B. die sozialen Sicherungssysteme auch ein Stück »sozialer Gerechtigkeit«, ebenso bestimmte Subventionen oder andere finanzielle Beihilfen des Staates.

»Soziale Gerechtigkeit«, welche die Christen fordern, ist keine verhüllende Umschreibung für sozialistischen Kollektivismus oder, wie Liberale spöttisch und geschmacklos zu sagen pflegen, für »Herz-Jesu-Sozialismus«. Sie ist auch keine graue Gleichförmigkeit oder Gleichgültigkeit gegenüber Not und Elend, Begabung und Fleiß.

Die soziale Gerechtigkeit ist ein vielgestaltiges Ideal, deren institutionalisierte Praxis die Sorge um das Gemeinwohl ist. Denn die Gemeinwohlverantwortung des Staates besteht

darin, Fülle und Mangel zu verwalten bzw. auszugleichen. Sie hat immer zwei Dimensionen: sie ist eine vom Individuum zu praktizierende Tugend und zugleich ein Hinweis auf eine zu verbessernde Gesellschaftsordnung.
Die katholische Soziallehre betont die so oft verleumdeten gewöhnlichen Tugenden, die für ein zuverlässiges und humanes Funktionieren gesellschaftlicher Institutionen notwendig sind. Die tagtägliche Fehlerhaftigkeit des Menschen, der Theologe könnte sie auch mit Sündhaftigkeit umschreiben, ist eine Realität. Bei der Verwirklichung der sozialen Gerechtigkeit stößt man immer wieder auf ein Paradoxon: Tugendhafte Menschen können durch falsch konstruierte Sozialsysteme korrumpiert werden. Und noch so gerechte Sozialsysteme können an dem unzulänglichen, verkehrten oder untugendhaften Verhalten der Menschen scheitern.

Viertes Prinzip: Die Subsidiarität

Das Subsidiaritätsprinzip gründet in der Individualnatur des Menschen. Der Mensch als selbständige und eigenverantwortliche Person muß auch selbständig und verantwortungsbewußt handeln. Er muß leisten, was er selber leisten kann. Anders gesagt: jeder Mensch hat seine Lebensaufgaben so weit zu erfüllen, wie er dazu fähig ist. Die Gemeinschaft darf immer nur »subsidiär« eingreifen. Die Aufgaben, die ein Mensch aus eigener Kraft bewältigen kann, dürfen ihm nicht abgenommen werden. Die Gemeinschaft, zum Beispiel die Familie oder der Staat, hat jedoch die Pflicht, die Bedingungen zu schaffen, die es dem einzelnen möglich machen, seine Kräfte zu entfalten. Eine menschenwürdige christliche Politik wird immer das Subsidiaritätsprinzip als Gestaltungsgrundsatz berücksichtigen.

> Es muß »allezeit unverrückbar jener höchst gewichtige sozialphilosophische Grundsatz festgehalten werden, an

dem nicht zu rütteln und zu deuteln ist: Wie dasjenige, was der Einzelmensch aus eigener Initiative und mit seinen eigenen Kräften leisten kann, ihm nicht entzogen und der Gesellschaftstätigkeit zugewiesen werden darf, so verstößt es gegen die Gerechtigkeit, das, was die kleineren und untergeordneten Gemeinwesen leisten und zum guten Ende führen können, für die weitere übergeordnete Gemeinschaft in Anspruch nehmen; zugleich ist es überaus nachteilig und verwirrt die ganze Gesellschaftsordnung. Jedwede Gesellschaftstätigkeit ist ja ihrem Wesen nach subsidiär; sie soll die Gliederung des Sozialkörpers unterstützen, darf sie aber niemals zerschlagen oder aufsaugen.«*

Dieses Sozialprinzip verlangt, daß die Person ihre Kräfte entfaltet und sich bewährt, daß die Gemeinschaft, zum Beispiel der Staat, seine Sozialpolitik nicht so ausdehnt, daß der Leistungswille des Menschen gehemmt wird; er soll nur eingreifen, wenn die Kräfte des einzelnen nicht ausreichen. Für die sozialpolitische Verwirklichung dieses Prinzips gilt: »Die zu leistende gesellschaftliche Hilfe muß Hilfe zur Selbsthilfe sein, welche die personalen Anlagen und Fähigkeiten nicht zurückdrängt, sondern fördert und möglichst zur vollen Entfaltung bringt; sie muß ergänzende Hilfe sein, die sogleich zurückzunehmen ist, wenn sich der Mensch selbst helfen kann.«**
Die Einzelmenschen sind in vielerlei Gemeinschaften verwoben, z. B. mit der Familie, der Nachbarschaft, der Gemeinde oder der Nation. Das Subsidiaritätsprinzip geht davon aus, daß gesellschaftliche Entscheidungen jeweils von der Gemeinschaft zu treffen sind, die der betreffenden Wirklichkeit am nächsten steht, und nur dann von der nächsthöheren Ebene, wenn die niedrigere dies nicht wirksam tun kann.

* Quadragesimo Anno, 79.
** Vgl. Klüber, F.: Kath. Gesellschaftslehre, 869.

Das Subsidiaritätsprinzip achtet die Besonderheit und Kontingenz moralischer Entscheidungsfindung, d.h. ihre Realitätsbezogenheit. Richtige politische Entscheidungen müssen genau den Strukturen der Wirklichkeit entsprechen. Entscheidungen höherer Instanzen, die weit von der konkreten Realität entfernt sind, bringen fast immer größere Abstraktionen und berücksichtigen zum Beispiel oft nicht die Eigenarten oder gewachsenen Strukturen einer Region. Solche Entscheidungen sind oft notwendig, aber häufig auch durch ihre Realitätsferne beeinträchtigt. Das Subsidiaritätsprinzip berücksichtigt die Singularitäts- und Kontingenzaspekte der geschichtlichen Wirklichkeit; es versucht die Entscheidung möglichst nahe an der Wirklichkeit anzusiedeln. Dazu ein praktisches Beispiel.

Bei der Diskussion über den Ausbau der EG zu einer politischen Union sind zwei gegenläufige Tendenzen festzustellen: Föderalisierung und Re-Nationalisierung. Gegen die Regelungswut der Brüsseler Bürokraten und besonders nach Maastricht versuchen z.B. die einzelnen Länder das Subsidiaritätsprinzip in der EG stärker durchzusetzen. Wenn heute in der EG vom »Subsidiaritätsprinzip« gesprochen wird, meinen nicht alle Politiker und Beamte das gleiche. Aber mit der Einführung dieses Leitbegriffes ist für die Politik der EG eine entscheidende Weiche gestellt. Nach anfänglichen Schwierigkeiten wird heute die Durchsetzung des Subsidiaritätsprinzips in der Europapolitik »generell gefordert«. Als Legaldefinition soll dieses Prinzip in die EG-Gründungsverträge als Legaldefinition aufgenommen werden. Diese Begriffsbestimmung soll lauten: »Die Gemeinschaft übt die ihr nach diesem Vertrag zustehenden Befugnisse nur aus, wenn und soweit das Handeln der Gemeinschaft notwendig ist, um die in diesem Vertrag genannten Ziele wirksam zu erreichen und hierzu Maßnahmen der einzelnen Mitgliedstaaten bzw. der Länder, Regionen und autonomen Gemeinschaften nicht ausreichen.* Die Einführung des Subsidiaritätsprinzips kann einen »bürgerfernen« und »bürokratischen« Zentralismus vielleicht verhindern. Das »Kieler Institut für Weltwirtschaft« stellte in einem Gutachten »Die Strukturpolitik der EG« für das Bundeswirtschaftsministerium fest: »Überspitzt ausgedrückt könnte man sagen, die EG in ihrer gegenwärtigen Form ist durch die politischen Umwälzungen der vergangenen Jahre absolut (hinfällig) geworden, und eine einheitliche EG-Politik vom Atlantik bis zum Ural (oder auch nur bis zum Bug) ist eine Illusion«.

5. Prinzip: Die Solidarität

Die Personwürde ist Grund und Ziel des gesellschaftlichen Lebens. Der Mensch als Person ist zugleich individuales und soziales Wesen. Von seiner Geburt an ist er auf die Existenz der Gemeinschaft angewiesen. Diese Angewiesenheit auf die Gemeinschaft ist der Kern dieses Prinzips. Es ist zugleich ein »sozialmetaphysisches Prinzip, ein »Seinsgrundsatz«, d.h., die Gemeinschaft ist in der Person grundgelegt und die Person ist wesentlich auf die Gemeinschaft hingeordnet. Zugleich ist die Gemeinschaft wiederum auf die Person und deren Wesensentfaltung ausgerichtet.**
Allgemein kann man »Solidarität« als »Einstehen für andere« definieren oder als Gemeinverpflichtung und Gemeinhaftung mehrerer, die alle zusammen eine Verpflichtung zu erfüllen haben. Sie ist das Grundgesetz »der wechselseitigen Verbundenheit und Verantwortlichkeit«.*** Das Prinzip hat

* Vgl. Goppel, Thomas: Der ökonomische und politische Einigungsprozeß in Europa — Konsequenzen und Perspektiven, in: Die Neugestaltung Europas und die Kirche; Studientag bei der Herbstvollversammlung der Deutschen Bischofskonferenz in Fulda, Arbeitshilfen Nr. 94, 25. 9. 1991, S.16.

** Vgl. a.a.O., 828.

*** Vgl. Frings, J.: Grundsätze katholischer Sozialarbeit und zeitnaher Folgerungen, Köln 1947, 7.

eine dreifache Dimension, es gilt: erstens im Verhältnis von Einzelmenschen zueinander; zweitens im Verhältnis des einzelnen Menschen zu einer konkreten Gemeinschaft und ihrem Zweck (Familie, Staat, Vereine); drittens im Verhältnis zwischen verschiedenen Gemeinschaften.

Verschämtes Bekenntnis zum »C«

In der CDU ist eine Neubesinnung auf die christlichen Grundlagen notwendig; denn schon zu lange biedern sich führende Politiker und Parteistrategen dem Zeitgeist an. Welches Ordnungsbild von Staat, Gesellschaft und Wirtschaft haben die Unionschristen eigentlich noch?
Die CDU hat sich in der Oppositionszeit von 1969 bis 1982 und später verschämt zu christlichen Grundsätzen bekannt. Das »C« wurde und wird als hinderlich empfunden. Für manche Unionschristen ist das »C« nurmehr ein Markenname wie »Persil«. Dabei wird scheinheilig auf die Wähler verwiesen, um den eigenen Glaubensverlust zu vertuschen. Politik ist zum Geschäft geworden wie der Verkauf von Waschmitteln.
Die CDU muß den jungen und alten Wählern Antworten geben. Und das »C« ist wieder mehr gefragt, als sich das die wertfreien Polittechniker in den Parteizentralen und Fraktionen, die Werbeexperten und Meinungsforscher vorstellen können. Das Gegen-den-Strom-schwimmen-Können wird von den Wählern als Leistung respektiert. Es gibt zu viele Zeitgeistsurfer in der CDU auf allen Ebenen. Die Wählerspekulanten mit der Mentalität von Börsenhändlern können ein Fiasko erleben wie die Börsianer in New York, Tokio oder London in den letzten Jahren.
Für die kommende Programmdiskussion sollten sich die

»Chefdenker«, »Nebendenker«, »Querdenker« und »Vordenker« der CDU einmal an die alte Weisheit erinnern: Wer zu den Quellen will, muß gegen den Strom schwimmen. Was die Gründer der Union grundsätzlich bedacht und für welchen Weg sie sich entschieden hatten, gilt heute wie eh und je: für eine freiheitliche, rechtsstaatliche und soziale Demokratie. Vorrang haben Freiheit und Recht, alle anderen Werte sind untergeordnet, auch der Friede.

Das religiöse Bewußtsein, das unmittelbar nach 1945 die große politische Kraft der christlichen Demokraten ausgemacht hat, ist verlorengegangen. Die Konsumgesellschaft Ende der fünfziger und in der erste Hälfte der sechziger Jahre, die Studentenrevolte, die Verkündigungsschwächen der Kirchen begünstigen einen rapiden Wertewandel, die Politik strandete im wertfreien Opportunismus. Die darauf beginnende Moralisierung der Politik brachte nur Verwirrung und moralischen Kitsch.

Das Bekenntnis zur Verantwortung vor Gott und dem Sittengesetz ist kein verpflichtendes Maß mehr, sondern nur noch ferne Erinnerung an die Zeit unmittelbar nach dem Zusammenbruch. An den christlichen Demokraten ist der Zeitgeist nicht spurlos vorübergegangen. Indem sie sich dem sozialdemokratischen Reformismus um jeden Preis anpaßten, verloren sie mehr und mehr die Kraft, modischen Bewegungen zu widerstehen. Eine der Ursachen für die Orientierungslosigkeit der CDU ist vielleicht die nicht zu leugnende Tatsache, daß der christliche Glaube seine Kraft in der Öffentlichkeit verloren hat.

Religiöse Gleichgültigkeit ist heute ein Merkmal großer Bevölkerungskreise. Der Glaube und das Wissen, daß es zwischen Himmel und Erde Dimensionen gibt, die von der menschlichen Vernunft nicht erfaßt und durchdrungen werden können, ist die Signatur des zu Ende gehenden Aufklärungszeitalters, dem die Unionschristen verfallen sind. Sie

nehmen nicht mehr wahr, daß sich längst unter der Oberfläche neue religiöse Bewegungen entwickeln, die auch politisch direkt oder indirekt wirksam werden können.
Könnte ein »katholischer Arbeitskreis« in der CDU eine stärkere Besinnung auf christliche Grundsätze bewirken?

Katholische Arbeitskreise?

Die evangelischen Christen waren nach 1945 in einer anderen politischen Situation als die Katholiken. Aufgrund eines anderen Staatsverständnisses und durch die Erfahrungen des Kulturkampfes im Kaiserreich besaßen die Katholiken eine größere Erfahrung und waren auch besser organisiert. Die evangelische Seite war zersplitterter. Um die evangelischen Christen an die Politik heranzuführen, wurde wesentlich auf Betreiben von Hermann Ehlers in den frühen fünfziger Jahren der »Evangelische Arbeitskreis« gegründet. Er trat vom 14. bis 16. März 1952 in Siegen zu seiner ersten Arbeitstagung zusammen. Im dort verabschiedeten »Siegener Manifest« heißt es: »Wir wissen, daß wir evangelische Verantwortung in einem geteilten Deutschland wahrnehmen können, wenn wir es als bewußte evangelische Christen tun. Das hindert weder unsere politische Verbundenheit mit unseren katholischen Brüdern, denen wir uns in einer gemeinsamen Verantwortung für die christliche Grundlegung deutscher Politik eins wissen, noch stört es unsere Glaubensgemeinschaft mit evangelischen Brüdern, die andere politische Wege als wir gehen zu müssen meinen. Wir hoffen aber, daß unsere evangelischen Glaubensgenossen erkennen, daß wir auch in der Politik zu einer besonderen evangelischen Verantwortung gerufen sind, und erwarten, daß wir in unserer Arbeit ihre Hilfe mehr, als es oft der Fall war, finden. Wir erwarten, daß unsere evangelische

Kirche, besonders in ihren verantwortlichen Männern und Kirchenleitungen, dazu hilft, daß unser Wollen ernst genommen wird. Dazu gehört insbesondere, daß allen Versuchen gewehrt wird, die sachliche Austragung politischer Meinungsverschiedenheiten, der wir uns jederzeit gerne stellen, durch eine unsachliche Verschiebung christlicher Argumente zu überdecken. Wir wollen, daß politische Fragen nüchtern und sachlich politisch erörtert werden. Wenn das geschieht, wollen wir uns jederzeit unter die Verantwortung vor dem lebendigen Gott rufen lassen.«* Die positive Zusammenarbeit katholischer und evangelischer Christen in der CDU war seit ihrer Gründung den Gegnern ein Ärgernis und man versuchte die Christen auseinanderzudividieren. Die von der Parteiführung geduldete Existenz dieses Kreises hatte gute Gründe. In den ersten Jahrzehnten fühlten sich evangelische Christen z. B. im Rheinland in einer Minderheitsposition. Das änderte sich in den letzten zwanzig Jahren und hat sich nun nach der Wiedervereinigung total geändert. Nach der Wiedervereinigung ist Deutschland nicht protestantischer geworden. Dies war die Vermutung von Volker Rühe. Nein, Deutschland ist atheistischer geworden. Der »Evangelische Arbeitskreis«, der zeitweise dahindämmerte, hat heute wieder eine große Aufgabe, gerade in den neuen Ländern. Dort gilt es, unbescholtene evangelische Christen für die CDU zu gewinnen und auf die positive Zusammenarbeit zwischen den Christen der beiden großen Konfessionen hinzuweisen. Konrad Adenauer nannte auf der 3. Tagung des Evangelischen Arbeitskreises den Zusammenschluß der Christen beider Konfessionen einen »Meilenstein in der Geschichte des Deutschen Volkes«. Und in der Gesamtentschließung hieß es u. a.: »Unser evangelisches Verständnis des Staates bewahrt uns davor, die

* Zitiert nach Deuerlein, Ernst: CDU/CSU 1945—1957 — Beiträge zur Zeitgeschichte, Köln 1957, 256.

Aufgaben von Staat und Kirche zu vermischen. Wir wünschen nicht, daß die Kirche den Staat beherrscht, ebenso, wie wir uns in Erinnerung an die Beschlüsse der Barmer Bekenntnissynode vor 20 Jahren dagegen wehren, daß der Staat sich die Herrschaft über die Kirche anmaßt. Wir wollen auch die Aufgaben von Partei und Kirche nicht ineinandermengen.«*
Hier aufklärend und versöhnend zwischen Protestanten und Katholiken zu wirken, ist eine der großen Aufgaben der wirklich kirchlich engagierten Mitglieder des Evangelischen Arbeitskreises in den neuen Ländern.

Die von Martin Lohmann im Rheinischen Merkur gemachte Anregung, einen katholischen Arbeitskreis in der CDU zu gründen, müssen die mit der CDU verbundenen Katholiken einmal gründlich prüfen. Daß der Generalsekretär diesen Vorschlag ablehnt, ist nicht weiter tragisch. Er hat sowieso einen Minderwertigkeitskomplex gegenüber der katholischen Kirche und pflegt seine subtilen Antikatholizismen. Die Feststellung von M. Lohmann, daß das »C« als Programm keineswegs mehr selbstverständlich sei, ist so falsch nicht. Aber jenseits und diesseits der alten deutsch-deutschen Grenzen ist Deutschland nicht atheistischer und unchristlicher geworden. Das war es schon vor der Wiedervereinigung. Was soll denn ein »Katholischer Arbeitskreis« in der CDU erreichen? Er würde entweder nur ein Kreis frustrierter Querulanten oder ein Stellenvermittlungsbüro werden. Die Katholiken brauchen keinen Arbeitskreis in der CDU. Sie müssen nur auf allen Ebenen der Partei mitarbeiten.

Katholiken, die beabsichtigen, einen »Katholischen Arbeitskreis« in der CDU zu gründen, sollten sich diesen Schritt genau überlegen. Sie könnten sich schnell zu einer Sekte entwickeln. Für das gesamte Spektrum der Politik müßten sie Modelle entwickeln. Können sie sich das leisten? Kenner der

* Vgl. a. a. O. 258.

Situation bezweifeln das. Der CDU würde das nicht viel nützen. Besser ist eine auf Sachprobleme konzentrierte Zusammenarbeit der Christen in der CDU.

Lassen sich die oft beklagte Anpassung der CDU an den vielzitierten Zeitgeist und der Verzicht auf christliche Wertvorstellungen beweisen?

4

Zerstörte Hoffnungen — Gescheiterte Heilslehre

Was ist Zukunft
Entmythologisierte Welt
Zerplatzte Träume
Notwendige Unterscheidungen
Gemütsbegriff »Freiheitlicher Sozialismus«
Die Aufklärung
Verabsolutierung der Vernunft
Wirkungen der Aufklärung
Notwendigkeit von Institutionen
Ehe und Familie
Schwule und Lesben
Familie und Staat
Schutz des Lebens
Institution »Staat«

Die Begriffe »Zukunft« und »Wertewandel« gehören zum parteipolitischen Jargon unserer Zeit, zugleich sind sie beliebte Diskussionsthemen für Politiker, Theologen, Nationalökonomen, Soziologen und Meinungsforscher. Die Wissenschaftler entwerfen Zukunftsszenarien, diagnostizieren einen Wertewandel und entwickeln neue Werttheorien. Journalisten auf der Jagd nach griffigen Schlagzeilen und Nachrichten berichten über die Ergebnisse der Zukunftsforscher und kommentieren den »Wertewandel«.
Die Politiker müssen ihr Handeln ihren Wählern mit Worten verständlich machen. Gerade dort, wo sie unsicher sind, hilft ihnen oft die Metapher, d. h. die übertragene Bedeutung, die bildliche Darstellung. Die Metapher verdeckt Nichtwissen und Unsicherheit. Sie erhebt den Ratlosen gleichsam zum Geheimrat der Vergangenheit, Gegenwart und Zukunft, zum allwissenden politischen Orakel. Dazu eignen sich hervorragend die Wortkonserven »Zukunft« und »Wertewandel«. Diese Begriffe sind aber nur verständlich auf dem Hintergrund ihrer Entwicklungsgeschichte und ihres unterschiedlichen Gebrauchs in Philosophie, Theologie, in Volkswirtschaft und Soziologie.

Was ist Zukunft?

»Zukunft« ist ein politisches Modewort und ist in allen möglichen Zusammensetzungen zu hören, ähnlich wie die Vielzweckvokabel »Bedarf«. Es besteht in den letzten Jahren immer mehr »Handlungsbedarf«, »Entscheidungsbedarf«, »Klärungsbedarf«. Die Bedürftigen sitzen alle auf den Bänken des Bundestages. Noch vor zehn Jahren waren andere Vokabeln auf den Lippen der politisch-sprachlichen Trendsetter: Selbstverwirklichung, Mitbestimmung, Emanzipation. Diese Begriffe signalisierten den Zeitgeist, Einstellungen, Tendenzen. Ursprünglich waren es die Theologen, die über den Begriff »Zukunft« nachgedacht haben, nicht die Politiker, Soziologen oder Philosophen. Zukunft ist im einfachen Wortsinn die kommende Zeit, sie ist nicht Vergangenheit, nicht Gegenwart. Die Theologen unterscheiden zwischen der relativen und absoluten Zukunft. Die relative Zukunft ist die Gestaltung der Strukturen dieser Welt, die absolute Zukunft die letzte Geborgenheit des Menschen in Gott.

Ohne Hoffnung und Glauben auf eine bessere Zukunft kann kein Mensch leben, sie ist eine metaphysische Wesensanlage.

Was ist denn die Zukunft, von der die Politiker so gern sprechen? Ist sie das Morgen, das Übermorgen? Hält sie sich noch irgendwo verborgen am Geschichtshorizont unseres Jahrtausends?

Eine Rückbesinnung auf das Alte Testament ist hilfreich bei der Klärung, was Zukunft ist. Die Geschichte des Volkes Israel, die im Alten Testament erzählt wird, ist eine Folge von Verheißungen und Erfüllungen. Die Verheißungen sind nie eindeutig, sie bleiben verschwommen. Keine versprochene Erfüllung ist endgültig. Im zweiten Jahrhundert vor Christus hatten die Juden keinen eigenen Staat, wegen ihres Glaubens wurden sie verfolgt. Damals brach bei ihnen eine neue Zukunftserwartung auf: Gott wird das Böse besiegen, und eine neue Weltzeit wird anbrechen. Diese Hoffnung richtet sich auf die ganze Welt. Die Israeliten erwarteten einen neuen Himmel und eine neue Erde.

Die Enthüllungen der Geheimnisse über die Zukunft der Welt und ihren Untergang nennen die Theologen »Apokalyptik«. Das Denkschema ist bekannt und hat sich in gewandelter Form bis heute erhalten: Zwei Mächte stehen sich gegenüber, Gott und das Böse; die »Weltzeit« zerfällt in zwei Abschnitte, in diese gegenwärtige und in die kommende Weltzeit.

Bis zum Anfang des 17. Jahrhunderts kannte man den Begriff »Zukunft« in unserer Muttersprache nicht. Die Alten sprachen vom Kommen, von der Herkunft, von der Ankunft. Erst im Zeitalter der philosophischen Aufklärung, als die Philosophen — die Weltweisen — die Zeitlichkeit der Ewigkeit gegenüberstellten, als sie den Menschen als den Mittelpunkt des Weltgeschehens begriffen, wurde der Begriff »Zukunft« ein politisches Gebrauchswort.

Als Zeitbegriff folgt die Zukunft auf die Gegenwart und steht zu dieser und zur Vergangenheit in Spannung und Gegensatz. Der Zeitschritt ist dreifach: Vergangenheit, Gegenwart, Zukunft. Sie ist pfeilschnell bei uns. »Zukunft« ist, wie alles Kommen, unbestimmt, verschwommen, nur in Umrissen erkennbar.

Zur politisch-geschichtlichen Ortsbestimmung gehören für eine Partei Kenntnis der Vergangenheit, der eigenen Geschichte, und eine nüchterne Analyse der Gegenwart. Für die Programmarbeit einer Partei ist das wichtig. Die verantwortlichen Autoren eines Programms müssen sich der Relativität aller wissenschaftlichen Prognosen bewußt sein. Leben ist ständige Bewegung. Das Leben und Handeln der Menschen ist nur bedingt berechenbar.

Entmythologisierte Welt

Immer stehen die Menschen zwischen Vergangenheit und Zukunft. Das Tier trägt alles, was vorher war, als Vorbelastung und Mitgift in sich. Nur der Mensch weiß sich in der Gebundenheit zugleich der Vergangenheit gegenüber frei in seinen Entscheidungen auf eine mögliche Zukunft hin. In der menschlichen Verantwortung vor der Vergangenheit und vor der Zukunft wird die Geschichte Gegenwart. Aus dieser doppelten Verantwortung entsteht die kraftvolle Spannung, durch die Geschichte hervorgebracht wird.

Würde der Mensch nur die Zukunft wollen, so gäbe es in dieser unaufhörlichen Revolution ebensowenig Geschichte, wie wenn er nur an der traditionellen Überlieferung festhalten wollte. Der Mensch kann die Zukunft, d. h. eine freiheitliche, gerechtere und menschenwürdige Gesellschaft, erwarten, aber nicht als ein Übermensch in der Anmaßung, sich über die Geschichte erheben zu können.

Welche Schlußfolgerungen für die programmatische Arbeit sind aus diesen kurzen Überlegungen über den Begriff »Zukunft« für die CDU-Strategen, die über eine Legislaturperiode hinausdenken müssen, zu ziehen?

Gegenwart und Zukunft, die konkreten Strukturen unseres Staates, kann man nur gestalten, wenn man die eigene Geschichte kennt.

Die Völker und Nationen müssen sich, trotz aller kulturellen Unterschiede und nationalen Auseinandersetzungen, zu einer gemeinsamen Verantwortung für diese Welt bekennen.

Die Welt von heute ist entmythologisiert; sie wird nur aus sich selbst, nicht mehr von Gott her verstanden. Sie ist nichts als Welt, d. h. als Diesseits und ganz von sich selbst erfüllt.

Diese Feststellung gilt wenigstens für jene Länder und Regionen, die vom Christentum in irgendeiner Form geprägt wurden.

Gottmüdigkeit, Gottverdrossenheit bis hin zur Gottfeindlichkeit ist eine Signatur unseres Zeitalters. In dieser vermenschlichten Welt existiert Gott nicht mehr, läßt sich in ihr nicht finden. Wenn er existieren würde, dann wäre er nur hinderlich.

Für die Menschen von heute spricht Gott nicht, handelt nicht, man sieht ihn nicht, hört ihn nicht. Der Gedanke des hl. Augustinus, daß das menschliche Herz unruhig ist, bis es Ruhe in Gott findet, scheint nicht mehr zu gelten. Der moderne Humanismus ist ein gottfreier, gottloser, gottfeindlicher. Seine Ideen sind nicht erst seit heute bekannt. Ihre Geschichte reicht weit zurück in das 14. Jahrhundert. Die Erziehung zur humanitas, zum schönen, edlen und vollkommenen Menschen war das Ziel. Reformation und Aufklärung gaben dem Humanismus eine neue Richtung. Der marxistische Humanismus erklärte Gott als überflüssig, betrachtete ihn als Hindernis zur Gestaltung des individuellen und sozialen Lebens. Der Marxismus bot eine Theorie der immerwährenden, die irdische Zukunft aufbauenden Tat des Menschen. Dieser Glaube war so etwas wie eine absolute Hoffnung.

Der christliche Glaube dagegen verkündet eine absolute Zukunft in Gott, muß aber in der Gestaltung politischer Strukturen die weltimmanenten Zukunftshoffnungen der Menschen berücksichtigen. Denn Gott kann man nicht verkünden, ohne die von ihm geschaffene menschliche Freiheit, Würde und Sehnsucht zu proklamieren. Gott und die Welt, Gott und Mensch können nicht so voneinander getrennt werden, daß von dem einen die Rede sein kann, ohne daß auch von dem anderen gesprochen wird. Die Christen dürfen aber Wirtschaft, Kultur und Politik nicht verabsolutieren. Sie wissen, daß die Welt unvollkommen ist und bleiben wird.

Die Umgestaltung der Welt und die naturwissenschaftliche Manipulation des Menschen selbst ist ein Merkmal des zu Ende gehenden Jahrhunderts. Der Mensch betrachtet die

Welt nicht als fertige Gegebenheit, sie ist vielmehr Material für eine grundlegende Um- und Neugestaltung. Die Mittel dazu liefern die Naturwissenschaften, besonders Kernphysik, Humanbiologie, Medizin, um nur einige Disziplinen zu nennen. Die Welt wird immer mehr zu einer Schöpfung des Menschen. Nach Millionen Jahren der Evolution wird der Mensch selbst zum Gegenstand seiner schöpferischen Gestaltung. Er will eine neue Welt gestalten, in der Krankheit, Leid und Tod beseitigt sind oder wenigstens — eine trügerische Illusion des ungläubigen Menschen — ihre Schärfe verlieren. Medizin, Chemie und Tiefenpsychologie sollen ungeahnte Zukunftsaussichten eröffnen. Was der Mensch ist, erscheint unter solchen Perspektiven wie ein Vorentwurf des Kommenden, des Wahren und des Eigentlichen. Der heutige Mensch hofft auf sich selbst. Automation, Kybernetik und Soziologie nähren die Erwartung, daß ein Zustand der Welt herbeigeführt werden kann, in die untereinander verbundene Menschen in voller Freiheit und in vollem Glück zu leben vermögen. Das Übel in allen seinen Formen wird abgeschafft.
Die Gegenwart wird begriffen als die Zeit der Menschwerdung und greift damit auf die Zukunft vor. Auf eine solche Zukunft hin bewegt sie sich mal schneller, mal langsamer. Die Welt wird nicht mehr — wie das die klassische Physik tat — als ein in sich geschlossener, determinierter Kausalzusammenhang betrachtet, sondern als entwicklungsfähig.
Der politische Konkurrent in unserer säkularisierten Gesellschaft ist für die CDU in erster Linie die SPD. Für den demokratischen Sozialismus dieser Partei ist ein Staatsoptimismus, verbunden mit einem radikalen Etatismus, typisch. Der Staat soll alles regeln und verteilen. Ein Beispiel für die sozialistische »Wohlfahrtsstaatsideologie« ist der Versuch, Vollbeschäftigung, ständige Produktivitätssteigerung, Hebung des allgemeinen Lebensstandards und Sicherheit für alle zu verwirklichen.

Die CDU muß erkennen, daß der demokratische Sozialismus trotz seines Bekenntnisses zur Freiheit grundsätzlich etatistisch und mißtrauisch gegen jede Privatinitiative eingestellt ist. Die Sozialisten aller Schattierungen vertrauen mehr der »ratio publica«, d. h. staatlichen oder bürokratischen Vernunft, als dem vernünftigen Handeln des Einzelmenschen. Das macht seine untergründige Freiheitsfeindlichkeit aus. Der Bürger wird von der Wiege bis zur Bahre bevormundet und reglementiert.

Die sozialistisch verstandene Freiheit ist utopisch. Im früheren realexistierenden Sozialismus gab es sie nicht. Jedes sozialistische System ist so konstruiert, daß es die Freiheit, zu der es führen soll, sich nicht verwirklichen läßt. Sozialistische Planung und liberale Freiheiten zu vereinigen, ist unmöglich.

Der sozialistische Staatsoptimismus und damit verbundene Etatismus sind begründet in einem extremen Rationalismus: in einer Verabsolutierung der Vernunft. Die geistesgeschichtliche Herkunft sozialdemokratischer Ideen von der Aufklärung und damit der totalen Autonomsetzung des Menschen lassen sich nachweisen. Marxismus und Sozialismus sind gescheitert und nicht mehr die große Hoffnung für ein glückliches Leben auf dieser Erde, aber der Traum ist geblieben. Der freiheitliche Sozialismus ist wie jeder Sozialismus eine innerweltliche Heilslehre. Seine Tendenz zum verwalteten, bürokratisch gegängelten Menschen wird er nie aufgeben, er ist gleichsam jedem Sozialismus systemimmanent.

Zerplatzte Träume

Die sozialistisch-marxistische Weltanschauung ist geplatzt wie eine in den Farben des Regenbogens flimmernde Seifenblase. Die Menschen in den osteuropäischen Ländern und besonders unsere deutschen Landsleute haben leidvoll erfahren, daß es einen Sozialismus mit »menschlichem Antlitz« nicht gibt und nie geben wird.
Noch in den sechziger und siebziger Jahren war die Heilslehre des »Sozialismus« die politische Hoffnung der linken Intelligenz. Studenten, naive und opportunistische Theologen, fortschrittliche Journalisten und Pädagogen schwärmten von Karl Marx und seinen Lehren. Der Neosozialismus war die neue Weltanschauungsdroge. Mit Verwirklichung marxistisch-sozialistischer Theorien, so glaubten sie, könnte der Frieden sicherer gemacht und die zahlreichen Schwierigkeiten der modernen Wirtschafts- und Gesellschaftsordnung gelöst werden, mehr noch: sie könnten dem Menschen zum wirklichen Glück verhelfen. Es waren Träume, verständliche Träume, weil jeder Mensch sich nach etwas Glück und Geborgenheit sehnt.

Notwendige Unterscheidungen

Die in christlich-demokratischen und konservativen Kreisen oft gleichlautend und diffamierend gebrauchten Begriffe »Kommunismus« und »Sozialismus« waren falsch. Die deutschen Sozialdemokraten unterschieden sich in elementaren Fragen von den Kommunisten. Trotzdem kann man diese gleichsetzende Verwendung der Begriffe im politischen Sprachgebrauch verstehen. Einmal arbeiteten manche Sozialdemokraten und Gewerkschafter lieber mit den Genossen aus

der SED und den italienischen Kommunisten zusammen als mit Politikern der CDU oder FDP.
Unterscheidungen zu treffen, ist oft schwierig. Es gab und gibt zahlreiche geschichtliche Formen des Sozialismus seit den Zeiten der alten Griechen bis zum 18. und 19. Jahrhundert, die in den Handbüchern der Philosophiegeschichte studiert werden können. Unsere Generation lernte den »National-Sozialismus«, den »afrikanischen«, »kubanischen«, »arabischen«, den »freiheitlich-demokratischen« und den, er ist schon wieder verschwunden »portugiesischen Sozialismus« kennen. Der »Eurokommunismus« ist nur noch ferne Erinnerung. Es gab den »Marxismus-Leninismus«, den »humanistischen« und den abstraktiven« Marxismus«, den Maoismus chinesischer Prägung usw. usw.
Die Mitglieder oder Mitläufer dieser politischen Bewegungen verstanden oder verstehen sich alle, die einen ein bißchen mehr, die anderen ein bißchen weniger, als Marxisten und Sozialisten. Genaue Unterscheidungen sind fast unmöglich zu treffen. Sind z.B. Björn Engholm, Erhard Eppler, Hans-Ulrich Klose, Oskar Lafontaine, Johannes Rau, Gerhard Schröder, Franz Steinkühler, Manfred Stolpe, Wolfgang Thierse, Henning Voscherau, Hans-Jochen Vogel Marxisten, Sozialisten oder freiheitliche Sozialisten? Die Antwort ist schwierig.
Die meisten Autoren, die die geschichtliche Verwendung der Begriffe »Marxismus«, »Kommunismus«, »Sozialismus« und »Kollektivismus« analysiert haben, versuchten ihnen unterschiedliche Bedeutungen beizulegen. Darauf machte schon vor einigen Jahrzehnten J. A. Schumpeter aufmerksam. In seinem Buch »Kapitalismus, Sozialismus, Demokratie« stellte er fest: »Tatsächlich wurde der Ausdruck ›kommunistisch‹ ziemlich durchgängig zur Bezeichnung von Ideen gewählt, die durchgreifender oder radikaler als andere waren. Aber daneben trägt auch eines der klassischen Doku-

mente des Sozialismus den Titel ›Kommunistisches Manifest‹. Und der Unterschied des Prinzips war nie grundsätzlicher Natur — soweit es ihn gibt, besteht er innerhalb des sozialistischen Lagers nicht weniger ausgesprochen als zwischen ihm und dem kommunistischen. Bolschewiken nennen sich selbst Kommunisten und gleichzeitig die wahren und einzigen Sozialisten. Ob sie nun die wahren und einzigen sind oder nicht — jedenfalls sind sie Sozialisten.«
Der österreichisch-amerikanische Sozialist J. A. Schumpeter fällte dies Urteil während des Zweiten Weltkrieges. Es ist auch heute noch richtig.
Folgende sozialistische Gruppen lassen sich typologisieren:

1. Die Sozialisten marxistisch-leninistisch-stalinistischer Prägung (z. B. die alte Garde der SED, Erich Honecker und Genossen).
2. Die Sozialisten marxistisch-leninistischer Prägung (Gysi, Modrow und Genossen, die DKP).
3. Den Maoismus in China.
4. Sozialisten als Weltanschauungspragmatiker: sie betrachten den Marxismus bzw. den Sozialismus als eine wissenschaftliche Arbeitsweise, als eine Methode zur Erforschung sozialer und politischer Verhältnisse, als rationale, geschichtlich erprobte Verknüpfung theoretischer Erkenntnisse mit der Praxis des revolutionären Umsturzes oder der evolutionären Entwicklung.
5. Sozialisten als Befürworter des »historischen Kompromisses«, von dem in den letzten Jahren nicht mehr gesprochen wird. Diese »Gläubigen« glaubten eine Aufweichung des marxistischen Lehrgebäudes feststellen zu können, dies vor allem im Lager des sogenannten Euro-Kommunismus. In Italien, Frankreich, Portugal, Holland und Südamerika. Sie suchten den »historischen Kompromiß« zwischen Marxismus und Christentum.

6. Die Anhänger des Spät- oder Neomarxismus, z. B. Marcuse, Habermas und andere.

Die kommunistischen, sozialistischen und sozialdemokratischen Parteien bekannten sich zum Teil offiziell zur Lehre von Karl Marx und Friedrich Engels. Manchmal fehlt das ausdrückliche Bekenntnis.

Gemütsbegriff »Freiheitlicher Sozialismus«

Wie verstehen Sozialdemokraten oder Vertreter des heute bisweilen beschworenen »freiheitlichen Sozialismus« ihre Bewegung nach dem Zusammenbruch des real existierenden Sozialismus in Osteuropa? Willy Brandt, der verstorbene Ehrenvorsitzende der SPD und langjähriger Vorsitzender der Sozialistischen Internationale (SI) versuchte in einer Grundsatzrede »Die Zukunft der Sozialdemokratie (und des freiheitlichen Sozialismus)« am 13. September 1991 in Nürnberg eine Standortbestimmung. Brandt stellte u. a. fest:

1. »Intellektuell unredlich« sei es, den »gewalttätigen und als inkompetent erwiesenen Kommunismus mit der Sozialdemokratie (bzw. dem freiheitlichen Sozialismus) in einen Topf zu werfen«.
2. »Geschichtlich widerlegt und erledigt sind nicht die gedanklichen Inhalte und politischen Bestrebungen der Sozialdemokratie . . .«
3. »Wenn ein Begriff entstellt und entwertet worden ist, darf man nicht meinen, damit sei der ihm zugrundeliegende gedankliche Inhalt verbraucht . . .«

Soweit kann man Willy Brandt zustimmen. Was sind nun aber die originellen Gedanken der Sozialdemokratie? Was will den nun die Sozialdemokratie? Auf diese Frage gab der große alte Mann der SPD folgende Antwort:

> »Sozialdemokratie (und freiheitlicher Sozialismus) wollen soziale Gerechtigkeit und eine umfassende Demokratisierung der Gesellschaft, auch die Demokratisierung einer effektiven Wirtschaftsordnung — auf der Basis der unbedingten Achtung der Menschenrechte und auf dem Boden unantastbarer Rechtsstaatlichkeit.«*

Die Formulierung dieser allgemeinen Werte ist ja gut und schön. Aber mit welchen Instrumenten sollen sie verwirklicht werden? Der Begriff »soziale Marktwirtschaft« kommt in diesem Redetext nicht vor. Die CDU wäre gut beraten, sich vor und nach der Bundestagswahl auf eine neue Diskussion über die Demokratisierung aller Lebensbereiche mit der SPD einzustellen. Vor drei Jahrzehnten, Peter Hintze ging wohl noch zur Schule, Kohl war in Rheinland-Pfalz auf dem Vormarsch, verfaßte der damalige Generalsekretär Dr. Bruno Heck mit die besten Grundsatzbeiträge gegen die Demokratisierung aller Lebensbereiche. Einige seiner Aufsätze sollten schon jetzt die Programm-Macher lesen. Schaden könnte das ihnen nicht, diesen Damen und Herren, die scheinbar so souverän geistesgeschichtlich gebildet sind und ununterbrochen gewichtig über den Wertewandel dozieren. Sie verkaufen dabei quasi als geistige Flohmarkthändler in Wirklichkeit nur philosophischen und/oder soziologischen Kaffeesatz.

* Brandt, Willy: Die Zukunft der Sozialdemokratie (und des freiheitlichen Sozialismus); Manuskript einer Rede, gehalten in Nürnberg am 13. September 1991.

Die Aufklärung

Platon, Aristoteles, Augustinus, Thomas von Aquin und zahlreiche andere Philosophen und Theologen beschäftigten sich in ihren Werken mit den Fragen: Was ist ein Gut? Was ist ein Wert? Was ist das höchste erstrebenswerte Gut?
Für die Philosophen war es die Eudämonie, d. h. das irdische Glück und Wohlergehen, für die Theologen Gott.
So war das bis zur Aufklärung, die aus der Laienkultur des Mittelalters und der Renaissance entstand. Ihr Merkmal war: Loslösung und Verselbständigung der Geisteswissenschaften von kirchlicher Bindung; hinzu traten die Einflüsse der Reformation, die Betonung der subjektiven Glaubenserleuchtung und die Autonomie des einzelnen in Glaubensfragen.
Die Aufklärung selbst und ihre Leitideen waren die gleichen in England, Frankreich und Deutschland. Die Philosophen dieser Nationen setzten sich mit den überlieferten religiösen und sozialen Verhältnissen auseinander. Sie polemisierten gegen Dogma, Geschichte und Tradition, verlangten Denk-, Rede- und Schriftfreiheit, bekämpften überkommene Vorurteile, forderten Verwirklichung der Menschenrechte, Humanität, Freiheit des Individuums; glaubten an die Kraft der Vernunft und den Sieg der Wissenschaft.

Verabsolutierung der Vernunft

Mit dem Licht der natürlichen Vernunft des Menschen wollten sie die Welt erhellen und das Leben menschenwürdiger gestalten. Die Vergangenheit, das Mittelalter, war für sie verfinstert, verdunkelt. Sie vertrauten auf die Leistungsfähigkeit der menschlichen Vernunft, verabsolutierten sie als einziges

Kriterium der Wahrheit. Was wahr ist, ist vernünftig, was vernünftig ist, ist wahr. In dieser Einfachheit stimmte diese Aussage nie.
Immanuel Kant (1724—1804), der, von der Aufklärung beeinflußt, sie niemals ganz überwunden hat, definiert in der Abhandlung »Was ist die Aufklärung?«:

> »Aufklärung ist der Ausgang des Menschen aus seiner selbst verschuldeten Unmündigkeit. Unmündigkeit ist das Unvermögen, sich seines Verstandes ohne Leitung des anderen zu bedienen. Selbstverschuldet ist diese Unmündigkeit, wenn die Ursache derselben nicht am Mangel des Verstandes, sondern der Entschließung und des Mutes liegt, sich seiner ohne Leitung eines anderen zu bedienen. Sapere aude! Habe Mut, dich deines eigenen Verstandes zu bedienen! ist also der Wahlspruch der Aufklärung«.*

Alle Lebensbereiche wurden in den folgenden Jahrhunderten von den Wissenschaftlern mit dem Licht der »natürlichen Vernunft« untersucht. Alles Religiöse und Mystische wurde abgelehnt, gesucht wurde nur das Vernunftgemäße, d. h. das Natürliche.

Wirkungen der Aufklärung

Der Primat der Vernunft kennzeichnet die Aufklärung. Dabei sind zwei Aspekte zu beachten: ein positiver und ein negativ zerstörerischer. Der positive Aspekt: selbständiges Denken ist das alleinige Richtmaß der Wahrheit.

* Kant, I.: Beantwortung der Frage: Was ist Aufklärung?, Schriften von 1783—1788 von Immanuel Kant, hrsg. von Albert Görland, Berlin 1922, 169.

Dieser Leitgedanke führt zu neuen und fruchtbaren Erkenntnissen in den Naturwissenschaften und in der Geschichtsschreibung.

Der negative Aspekt: Die menschliche Vernunft zum alleinigen Richtmaß der Wahrheit zu erklären, reicht nicht aus zur letzten Deutung vom Sinn der Welt oder der menschlichen Existenz.

Die Überbetonung der menschlichen Vernunft, der Ratio, führt zu einer einseitigen Verwissenschaftlichung, zur Zerstörung von Tradition und Autorität, zur Ablösung des christlichen Offenbarungsglaubens durch den Glauben an die Wissenschaft.

Die Aufklärung als Ganzes läßt sich in kein geschlossenes System eingrenzen. Sie sprengt die Grenzen eines festen Lehrgebäudes.

Die Auseinandersetzung mit ihren Postulaten führte zu einer Neubesinnung in der Theologie, den Naturwissenschaften, der Geschichte und der Philosophie.

Die im 19. Jahrhundert entstandene Wertphilosophie lehnte die Verabsolutierung der Vernunft als einziges Kriterium für das menschliche Erkennen und Handeln ab. Sie versuchte nach dem rationalen Kahlschlag der Aufklärung und der Entbindung des Menschen von aller Metaphysik ein neues Wertbewußtsein zu schaffen. Die ersten Entwürfe zu einer Wertphilosophie stammen von Hermann Lotze. Die Neukantianer Wilhelm Windelband (1838—1915) und Heinrich Rickert (1863—1936) sahen in dieser Philosophie die kritische Wissenschaft von den allgemeingültigen Werten wie Wahrheit, Schönheit, Sittlichkeit und Religion.

Das Wesen der Wertphilosophie soll hier nur aufgezeigt werden. Auf die einzelnen Schulmeinungen einzugehen, würde diesen Rahmen sprengen. Nur, wer über die Werte und den Wertewandel spricht, muß wissen, daß es z. B. in den Sozialwissenschaften Dutzende von Umschreibungen bzw. Be-

griffsbestimmungen von Werten als Verhaltensweisen, Einstellungen, Wünschen und Hoffnungen gibt. Der Begriff »Wert« kann von allgemeinen, volkswirtschaftlichen, philosophischen, soziologischen, politischen, ethischen und religiösen Gesichtspunkten her betrachtet werden.
Das Datenmaterial zum »Wertewandel« ist fast unübersehbar. Es enthält zahlreiche Unterschiede, Gegensätze und Ungereimtheiten. Diese Widersprüchlichkeit kann an einzelnen Personen liegen, an Gruppen oder auch an den Forschungsmethoden. Festzuhalten bleibt: Der Begriff »Wert« wird nicht eindeutig verwendet. Aufgrund seiner unverbindlichen und beliebigen Interpretation eignet er sich für politische Programme, um oberste Handlungsziele zu formulieren, die aber jeder so auslegen kann, wie es ihm gefällt.
Für die politische Praxis bedeutsam ist folgende Unterscheidung: Werte als Prinzipien, auch Grundwerte genannt — Freiheit, Gerechtigkeit, Solidarität, Gleichheit, Subsidiarität —, und institutionelle Werte, z. B. Ehe, Familie und Staat.
In den kommenden Jahrzehnten werden die institutionellen Werte Ehe, Familie und Staat wie die Grundwerte Freiheit, Gerechtigkeit, Subsidiarität und Gleichheit in ihrer konkreten Verwirklichung für die CDU von großer Bedeutung sein.

Notwendigkeit von Institutionen

Institutionen sind Grundformen des menschlichen Zusammenlebens. Sie fördern, behüten und schützen den Menschen.
Zu unterscheiden sind zwei Formen von Institutionen: Familie und Staat im natürlichen Bereich, im übernatürlichen Bereich die Kirche. Freie Institutionen sind Parteien, Genossenschaften, Verbände und Vereine, Unternehmen, Theater, Presse, Rundfunk, Fernsehen usw.

Menschenwürdiges Leben ist ohne Institutionen nicht denkbar. Institutionen sind nicht erst vom Recht geschaffen. Das Recht findet sie vielmehr in der Natur und als innere Seinsgesetzlichkeit vor und formt sie nur genauer.
Institutionen besitzen einen sittlichen Wert, in dem sie dem gesellschaftlichen Leben in der Mannigfaltigkeit eine dauerhafte Gestalt geben. Institutionen dürfen nicht erstarren, sie müssen sinnvoll, attraktiv und glaubwürdig bleiben im Dienst für den Menschen, der notwendig in Institutionen lebt.
Institutionen kann man auch als Mittel für die Erreichung bestimmter Zwecke bezeichnen. Der Dienst- oder Mittelcharakter einer Institution wird verletzt, wenn ihre Funktionäre statt zu dienen eine alles beherrschende, manipulierende Stellung einnehmen und das Werkzeug der Ordnung, nämlich die Institution, einseitig für ihre Interessen mißbrauchen. Partei-, Verbands- oder Beamtenherrschaft, phantasieloses Festhalten an Buchstaben, Paragraphenreiterei, behördlicher Formalismus können Institutionen in Mißkredit bringen.
Jede Institution muß reformfähig sein und lebendig bleiben, sie darf nicht erstarren. Das Vertrauen in staatliche und andere Institutionen wird entscheidend von den handelnden Personen mitbestimmt, die Funktionen in eben diesen Institutionen ausüben. Sind sie glaubhaft, dann vertraut der Bürger der Institution.

Ehe und Familie

Vordergründig sind in der Bundesrepublik zwei gegensätzliche Tendenzen zu beobachten. Pessimisten beklagen, daß Ehe und Familie als institutionelle Werte immer weniger gelten und Kinder unerwünscht sind. Nach dieser Sicht sieht es nicht so aus, als würde sich das in den kommenden Jahren ändern. Die Frauen und Männer in unserem Lande wünschten immer weniger Kinder, die Mütter und Väter verweigerten in erschreckendem Maße ihren ungeborenen Kindern das Leben. Die wirtschaftlichen und sozialen Folgen würden in den kommenden Jahrzehnten zu einer großen Belastung für Gesellschaft und Staat werden. Die optimistische Sicht ist eine andere. Die Wertschätzung der Familie und der Wunsch nach Kindern seien immer noch da, nur werde beides nicht verwirklicht.

Der Modebegriff »Selbstverwirklichung«, der ein zutiefst egoistisches Verhalten offenbart, ist Leitmotiv für eine Minderheit, die aber in unserer Gesellschaft tonangebend ist. Frauen und Männer, von midlife-crisis Geschüttelte, sie alle wollen sich selbst verwirklichen und ruinieren oft ihre Familien, Freundschaften, die Gesellschaft und letztlich sich selbst.

Unsere Verfassung gebietet den besonderen Schutz von Ehe und Familie. Nach wie vor ist die Familie die Kernzelle der menschlichen Gemeinschaft vor dem Staat.

Die Familie ist die einzige gesellschaftliche Formation, die den in ihr lebenden Menschen voll und ganz umfaßt. Sie erfüllt als gesellschaftliche Lebensform alle biologischen, seelischen, sozialen und wirtschaftlichen Funktionen, die in dieser Totalität allen sonstigen gesellschaftlichen Institutionen, die jeweils nur einzelne Bereiche des Lebens erfassen, unzugänglich sind. Die Familie ist eine Gruppe eigener Art. Ihre Lebensprinzipien sind Liebe, Treue, Vertrauen und gegenseitige Hilfe.

Ein wesentliches und typisches Merkmal der Familie ist die für sie charakteristische Begegnung der Geschlechter (Mann und Frau) und Generationen (Eltern und Kinder). Diese geschlechts- und generationsspezifische Zusammensetzung kann auch in anderen Formen der Vergesellschaftung festgestellt werden. Nur für die Familie ist sie aber ein primäres Wesensmerkmal.

Das Verhältnis zwischen den Ehepartnern und zwischen Eltern und Kindern hat sich in den letzten Jahrzehnten von einer früher eher patriarchalisch-autoritär geformten Beziehung zu einem partnerschaftlichen Zusammenleben entwickelt. Eine klare Wahrung der Generationsschranke ist bei gleichzeitiger Koalitionsbildung der Eltern den Kindern gegenüber eine unbedingt notwendige Voraussetzung für die Familie und für die Persönlichkeitsbildung der Kinder.

Die Familie ist für die Kinder eine schutzgewährende Einheit und ein Ort der Geborgenheit. »Das Heim ist der Ort, zu dem das Kind mit seinen Erfahrungen zurückkehrt. Es ist das Lager, auf das es sich zurückzieht, um seine Wunden zu lecken, die Bühne, auf der es den Glanz seiner Leistungen vorführt, die Zuflucht, die es findet, in der es über schlechte Behandlung — die tatsächliche oder eingebildete — brüten kann. Mit anderen Worten — das Heim ist der Ort, zu dem es seine täglichen sozialen Erfahrungen trägt, um sie zu sichten, zu bewerten, abzuschätzen, zu verstehen oder zu verflechten, zu verstärken oder nicht zu beachten, je nachdem, wie der Fall liegt«* Die Familie ist nach kirchlicher Auffassung die Gemeinschaft der Eltern mit ihren Kindern, eine unauflösliche Einheit, die naturnächste und notwendigste menschliche Gemeinschaft.

Die Abstammung der Kinder von den Eltern bewirkt zwischen beiden die engste menschliche Verwandtschaft. Zwischen Eltern und Kindern besteht eine natürlich gewachsene, nicht eine künstlich geschaffene Einheit.

Die Familie ist kein Zweck- und Interessenverband, keine »Gesellschaft«. Ein Sozialgebilde wird »Gemeinschaft« oder

* J. H. S. Bossard und E. S. Boll, The Sociology of Child Development, New York [3]1960, zitiert nach: E. B. Hurlock, Die Entwicklung des Kindes, Weinheim-Berlin-Basel 1970, 561.

»Gesellschaft« genannt, je nachdem, wie es aus sich heraus die Menschen persönlich-innerlich oder sachlich-äußerlich verbindet. Die katholische Kirche hält aufgrund anthropologischer Überlegungen und der Aussagen der Offenbarung daran fest, daß die unauflösliche Ehe »Quelle« und »Ursprung« der Familie und der gesamten menschlichen Gesellschaft ist. Die Familie ist eine gottgewollte Gemeinschaft. Die katholische Moral anerkennt nur eine einzige Grundlage der Familie: die unauflösliche Einehe. Alle anderen Formen des Zusammenlebens von Mann und Frau (Ehe auf Zeit, Onkelehe, Konkubinat, Wohngemeinschaften) mögen zum Kinde führen. Als gültige Grundlage für die Familie werden sie abgelehnt.

Schwule und Lesben

Die Verbindungen von Homosexuellen oder Lesbierinnen als Ehe oder eheähnliche Gemeinschaft anzuerkennen, ist grundsätzlich abzulehnen. Die CDU-Abgeordnete Rita Süssmuth hatte im Juli 1991 in einem Interview in der Illustrierten »Bunte« die Gleichstellung von gleichgeschlechtlichen Paaren mit den anderen Steuerzahlern bei der Besteuerung und bei der Hinterbliebenenversorgung verlangt.* Der finanzpolitische Sprecher der CDU/CSU-Bundestagsfraktion Kurt Faltlhauser (CSU) kritisierte diesen Vorschlag als »steuer- und gesellschaftspolitisch abwegig«. Ähnlich äußerte sich der CSU-Landesgruppenvorsitzende Wolfgang Bötsch, er meinte, daß mit solchen Äußerungen Frau Süssmuth die Stammwähler der CDU/CSU »verprelle«. So ist es!

* Meldung ddp, 1991-07-08.

Familie und Staat

Die Familie ist kein bloßer Teil des Staates. Sie ist nicht vom Staat erdacht, gegründet und mit Rechten ausgestattet. Sie ist vielmehr natürlichen Ursprungs und mit Eigenrechten versehen. Nicht der Einzelmensch, nicht die Gesellschaft, nicht die Kirche setzen die Normen für das, was Familie ausmacht. Ihr Wertgehalt ist naturhaft vorgegeben. Die Soziallehre der Kirche hält daran fest, »daß es ein objektives, d. h. der subjektiven Willkür entrücktes Wertsystem gibt, das, in der Seinsordnung dargelegt, schlechterdings jeden Menschen verpflichtet und darum, auch für das Gemeinschaftshandeln der Menschen, die gleiche Verbindlichkeit besitzt wie für das Handeln des einzelnen«.*

Der Staat ist die höchste Ordnungsgewalt. Er hat die Sorge für das allgemeine Wohl. Aus naturrechtlicher Sicht ist der Staat verpflichtet, die Familie und deren Grundrechte anzuerkennen, zu achten und zu schützen. Die Pflicht gründet in der Aufgabe des Staates, Hüter des Naturrechtes sowie der Grundwerte und Gemeinschaften zu sein.

Die Familie als Institution ist die wichtigste Lebensgrundlage des Staates. Dieser wiederum ist der Raum, in dem die Familie lebt und mit dessen Hilfe sie sich entfaltet.

Die Familie ist die Keimzelle einer jeden Gesellschaft. »Was in der Familie angelegt, geprägt und erzogen wird, hat unübersehbare gesellschaftliche Auswirkungen.«** In der Familie entwickeln sich die gemeinschaftsbildenden und gemeinschaftserhaltenden Kräfte — Gruppensolidarität, Treue, Achtung für den Mitmenschen, Fähigkeit zur Ein- bzw. Unterordnung —, ohne die ein Zusammenleben in einem Staat undenkbar wäre.

* Von Nell-Breuning, O.: Zur christlichen Gesellschaftslehre, Freiburg ^{2}1952, 72.

** Becher, P.: Becher, Familie — personale Lebensgemeinschaft und gesellschaftliches Strukturelement, Köln 1976, 2.

Die Bedeutung der Familie zeigt sich in der gesellschaftlichen bzw. staatlichen Anerkennung, die der Familiengedanke seit dem Beginn dieses Jahrhunderts gefunden hat. Während bis zum 19. Jahrhundert die Beziehungen zwischen Individuum und Staat, besonders zwischen den Rechten des Individuums und den Ansprüchen des Staates, Gegenstand der Verfassung war, erfreut sich die Familie in den neueren Verfassungen weitgehend staatlicher Garantien. So ist der Artikel 6 des Grundgesetzes der Familie gewidmet. Er legt fest:

»(1) Ehe und Familie stehen unter dem besonderen Schutz der staatlichen Ordnung.

(2) Pflege und Erziehung der Kinder sind das natürliche Recht der Eltern und die zuvörderst ihnen obliegende Pflicht. Über ihre Betätigung wacht die staatliche Gemeinschaft.

(3) Gegen den Willen der Erziehungsberechtigten dürfen Kinder nur auf Grund eines Gesetzes von der Familie getrennt werden, wenn die Erziehungsberechtigten versagen oder wenn die Kinder aus anderen Gründen zu verwahrlosen drohen.

(4) Jede Mutter hat Anspruch auf den Schutz und die Fürsorge der Gemeinschaft.

(5) Den unehelichen Kindern sind durch die Gesetzgebung die gleichen Bedingungen für ihre leibliche und seelische Entwicklung und ihre Stellung in der Gesellschaft zu schaffen wie den ehelichen Kindern.«

Der Staat ist verpflichtet, die notwendigen Voraussetzungen der äußeren Verhältnisse für den Bestand und die Entstehung der Familie zu schaffen. Die sozialen Beziehungen innerhalb der Familie sind jedoch nur in extremen Fällen Gegenstand rechtlicher Beziehungen. Die Intimsphäre der Familie darf nicht zum Gegenstand staatlicher Interventionen werden und muß im Regelfall vor staatlichem Eingreifen geschützt werden. Maßgeblich für die innerfamiliären Beziehungen dürfen nicht rechtliche Verpflichtungen, sondern vielmehr sittliche Verantwortung, Liebe, Treue und Vertrauen der Familienmitglieder sein. Sie werden in ihrer Verwirklichung bestimmt durch die jeweils herrschenden Moralvorstellungen, Brauch und Sitte.

»Die Familie ist nicht für die Gesellschaft da; die Gesellschaft ist vielmehr für die Familie da. Die Familie ist die grundlegende Zelle, das konstitutive Element der staatlichen Gemeinschaft«. Die »erste Pflicht« des Staates ist es, »bedingungslos die Werte zu schützen, die der Familie Ordnung, Menschenwürde, Gesundheit und Glück sichern.«*

Folgende Sätze muß die CDU für ihre Familienpolitik berücksichtigen:

1. Die Familie ist älter als der Staat und immer noch die stabilste menschliche Gemeinschaft.
2. Die Familie ist die Gemeinschaft eines verheirateten Paares, einer alleinstehenden Mutter oder eines alleinstehenden Vaters mit Kindern.
3. Die Familie als personale Lebensgemeinschaft ist die einzige gesellschaftliche Formation, die den in ihr lebenden Menschen voll und ganz erfaßt.
4. Lebensgemeinschaften von Homosexuellen oder Lesben sind weder als Ehe noch als Familie anzuerkennen.
5. Die Lebensprinzipien der Familie sind Liebe, Treue und Vertrauen.
6. Die Familie ist das Zentrum kindlicher Persönlichkeitsentfaltung, denn innerhalb der Familie vollzieht sich die Sozialisation und die grundlegende ethische Lebensorientierung der Kinder.

* Pius XII., Ansprache vom 18. 9. 1951; Utz/Groner, Aufbau und Entfaltung des gesellschaftlichen Lebens — Soziale Summe Pius XII., hrsg. von Arthur Fridolin Utz und Joseph-Fulko Groner, Freiburg 1954, Nr. 1257.

7. Die Familie ist »Trägerin und Vermittlerin von Kultur«.
8. Der Staat als Hüter des Gemeinwohls und des Naturrechtes sowie der menschlichen Werte und Gemeinschaften muß die Familie und deren Grundrechte anerkennen, achten und schützen.
9. Die Familie hat das natürliche Recht auf:
   — Bestand und Eigenleben;
   — Selbsthilfe;
   — ungehinderte Erfüllung ihrer erzieherischen Aufgabe;
   — genügenden und gesicherten Unterhalt;
   — Schutz und Förderung durch den Staat;

Schutz des Lebens

Der Schutz des Lebens ist auch von einer Minderheit der CDU zugunsten eines Libertinismus preisgegeben worden mit der Reform des § 218.
Man kann natürlich den Kirchen sagen, sie müßten Bewußtsein bilden, aber dabei wird von den Politikern zu schnell vergessen, daß es die Macht des Faktischen gibt. Gesetze schaffen und verändern Bewußtsein. Mit dem jetzigen Gesetz ist de facto das Töten ungeborener Menschen staatlich freigegeben worden, und die Tötungskosten werden durch die Krankenkasse bzw. durch staatliche Beihilfe finanziert. Die weithin vertretene Auffassung, die Entscheidung einer Frau, das empfangene menschliche Leben anzunehmen oder zu töten, sei eine letztlich persönliche, zu respektierende Gewissensentscheidung, ist falsch. Wie weit muß eigentlich die Gewissensbildung christlicher Politiker/»Innen« deformiert sein, wenn das Töten ungeborener Kinder ohne existentielle Not zur Gewissensentscheidung umfunktioniert werden kann? Jene CDU-Politiker/»Innen«, die im Deutschen Bundestag für

das Gesetz stimmten, müssen sich fragen lassen, was sie eigentlich für ein Gewissen haben, das sie das Gespür verlieren läßt, daß »dieses gesetzlich geregelte Massaker ungeborener Kinder ein Hohn und eine Schande« für den Rechts- und Sozialstaat ist.
Man kann aufgrund vorliegender Zahlen eine Hochrechnung durchführen, wann in der Bundesrepublik mehr ungeborene Kinder getötet worden sind, als von den Nazis in deutschen Konzentrationslagern Menschen verbrecherisch umgebracht wurden. Die Entscheidung der Mehrheit der Abgeordneten ist eine moralische Bankrotterklärung unseres Rechts- und Sozialstaats. Seltsam, die gleichen Volksvertreter, die gegen Abschaffung des individuellen Anspruchs auf Asyl und gegen die elektronische Überwachung von Gewalttätern oder kriminellen Banden sind, stimmten für die Abtreibung.
Kann eigentlich das Recht und der Staat auf die Dauer Bestand haben, wenn die Ungeborenen für die Selbstverwirklichung der Frau zur Disposition stehen? Was ist das noch für ein Recht, wenn ein Gesetz gegen seine eigene Bestimmung mit juristischer Rabulistik es möglich macht, daß Mütter und Väter ungeahndet ihre ungeborenen Kinder töten?

Institution »Staat«

Die Unzufriedenheit der Bürger mit den politischen Parteien bewirkt bei vielen eine Politik- und Staatsverdrossenheit. Der übertriebene Nationalismus des Dritten Reiches und die Vergötzung der früheren Deutschen Demokratischen Republik förderten diese skeptische Einstellung gegenüber dem Staat.
Die Bundesrepublik Deutschland, vor und nach der Wiedervereinigung, ist keine Morgengabe eines Weltgeistes oder ir-

gendwelcher Mächte an die Parteien. Der Staat gründet in der Sozialnatur des Menschen und ist wie die Familie eine naturnotwendige soziale Einrichtung. Der Staat ist also kein Gebilde menschlichen Machtstrebens. Außer der Familie ist keine andere soziale Einrichtung so notwendig wie der Staat. Er hat sein Fundament in der Sozialnatur des Menschen, also in der Schöpfungsordnung.

Polizistenmorde, Bandenüberfälle, bürgerkriegsartige Zustände in manchen Städten, Gewalttaten von linken und rechten Chaoten, wachsende Kriminalität sind Zeichen eines fortschreitenden Legitimitätszerfalls der staatlichen Herrschaftsordnung. Sicherlich gibt es Mißstände in der Bundesrepublik, über die man reden und die man abstellen muß. Aber die Politiker haben zu lange formelle Rechtsverstöße, z. B. in der Hamburger Hafenstraße und anderswo, übersehen oder gar nicht sehen wollen.

Die Verfassungsväter haben die staatliche Ordnung der Bundesrepublik unter die »Verantwortung vor Gott und den Menschen« gestellt. Sie taten das nicht ohne Grund, hatten sie doch die grausamen Erfahrungen des Dritten Reiches noch frisch in Erinnerung. Heute sind diese Erinnerungen verblaßt. Nur keine staatliche Gewalt anwenden, heißt die Parole.

Der Staat ist Hüter des Rechtes. Nur als solcher kann er seine Gemeinwohlaufgabe erfüllen. Er muß Rechtssicherheit, Ruhe und Ordnung verbürgen. Kraft seiner obrigkeitlichen Gewalt ist der Staat berechtigt, Unrecht zu ahnden, verletztes Recht wiederherzustellen, Rechtsbrüchige zur Verantwortung zu ziehen und zu bestrafen. Macht ist ein wesentliches Element in der Natur des Staates. Sinn und Ausübung der Macht werden durch die Natur des Staates bestimmt. Die Bildung eines Machtpotentials, d. h. Polizei, Nachrichtendienste und Bundeswehr, empfangen ihre moralische Rechtfertigung durch den Zweck des Staates: die Eigenrechte der menschlichen Person anzuerkennen und zu schützen, die öffentliche Sicherheit zu gewährleisten, Rechtsbrüche zu verhindern oder zu bestrafen.

Mit welchen recht- oder polizeilichen Mitteln der innere Frieden garantiert werden kann, das müssen die Politiker entscheiden. Beschwörende Reden zu halten und gegen Gewalttäter zu demonstrieren, ist gut, dürfte aber nur wenig helfen.

5

Verlust der wirtschaftspolitischen Kompetenz

Abschied von der sozialen Marktwirtschaft?
Programmatische Anfänge
Einflußreiche »Linkskatholiken«?
Grenzen der Soziallehre
Vergessene Namen
Mangelware: Ökonomischer Sachverstand
Neuer Wirklichkeitssinn
Ordnungspolitische Alternativen
Zeitgenössische Irrtümer
Ökonomischer Pragmatismus
»Trial and error«
Machtbeschränkung durch Privateigentum
Geist — Ursache des Reichtums
Der Begriff »Arbeit«
Würde der Arbeit
Vom Sinn der Arbeit
Arbeit als Recht und Pflicht
Grünes Biedermeier
Christlicher Optimismus
Sozialistische Denunziationen
Der Unternehmer
Hauptanreiz »Gewinn«
Gewinn und Lebensstandard
Funktion des Marktes
Multinationale Unternehmen
Tarifpartner und Gemeinwohl
Falsche Lohnpolitik
Flexible Arbeitszeitpolitik?
Entwicklung der Arbeitszeit
Streik und Aussperrung
Veränderte Lage
Konsequenzen

Abschied von der Marktwirtschaft

Die CDU stellt in den neuen Ländern die Regierungen, in einigen mit der FDP, in Sachsen hat sie die absolute Mehrheit, in Brandenburg hat sie sich ausmanövriert und ist eine Minderheitspartei. Außer Kurt Biedenkopf und Bernhard Vogel dürften die wenigsten Politiker in den ostdeutschen Landesparlamenten und auch die Bundestagsabgeordneten aus den neuen Ländern von der Marktwirtschaft etwas wissen, insbesondere von der Wertgebundenheit der sozialen Marktwirtschaft. Ihre Kenntnisse beschränken sich auf einige oberflächliche Floskeln, wenn man mit ihnen spricht. Sie verraten ein profundes Nichtwissen. Die ostdeutschen CDU-Politiker sind aber nicht die einzigen Ignoranten bezüglich der sozialen Marktwirtschaft. Diese gibt es auch zu Dutzenden in den westdeutschen Länderparlamenten und im Deutschen Bundestag. Das Nichtwissen ist bei den Ostdeutschen zu entschuldigen. Woher sollten sie die notwendigen Kenntnisse haben? Vierzig Jahre mußten sie in einem anderen Regime leben. Von den Reklamesendungen im Fernsehen konnte man diese Informationen bestimmt nicht vermittelt bekommen und auch nicht durch andere Sendungen. Die linken Seilschaften in den öffentlich-rechtlichen Anstalten machten in der Vergangenheit die soziale Marktwirtschaft madig. Die meisten westdeutschen Gewerkschaftsfunktionäre denken bis heute in den Kategorien marxistischer Vulgärökonomie. Von den christlichen Kirchen konnte die Bevölkerung Ostdeutschlands ebenfalls kein marktwirtschaftliches Sachwissen erhalten. Es ist daher notwendig, Sinn und Zweck der sozialen Marktwirtschaft, die Institution Privateigentum, die Aufgaben der Unternehmer und Gewerkschaften, die Funktion des Gewinns und des Gewinnstrebens, des Marktes und der multinationalen Unternehmen zu behandeln.

Programmatische Anfänge

Die bereits in der Einleitung erwähnten »Kölner Leitsätze« wurden bestimmend und beispielgebend für die sich formierende CDU.

Vor der Zusammenkunft in Köln hatte Welty in seiner Schrift »Was nun? Grundsätze und Hinweise zur Neuordnung im deutschen Lebensraum«* entwickelt. Im »Kölner Kreis« diskutierte er die Konzeption eines »christlichen Sozialismus«. Er plädierte für eine Umschaltung der Wirtschaft auf »Bedarfsdeckung« und lehnte den »sogenannten freien Markt« ab. Er glaubte, daß durch eine gelenkte Wirtschaft »die rein kapitalistischen Rücksichten, wie Ergiebigkeit des Unternehmens, zügelloser Wettbewerb und ungehemmtes Gewinnstreben« überwunden würden und die Produktivkraft der deutschen Wirtschaft in »eine feste, innerlich gesunde Bahn« gelenkt werden könnte. In der Eigentumsfrage entschied er sich für eine Sozialisierung des Bergbaus und der Montanindustrie. Sein apodiktisches Urteil: »Der deutsche Staat hat zur Stunde das Recht, das Sondereigentum durch geeignete Zwangsmaßnahmen soweit in Gemeineigentum zu verwandeln, als sein eigenes Dasein und seine innenpolitische Ordnung mit dieser Wandlung stehen und fallen«.

* Diese Schrift erschien im Frühjahr 1945 als Manuskript und wurde gegen den Willen der englischen Besatzungsmacht veröffentlicht. — Ein Jahr später veröffentlichte E. Welty diese Schrift als Buch erweitert unter dem Titel: Die Entscheidung in die Zukunft — Grundsätze und Hinweise zur Neuordnung im deutschen Lebensraum, Köln 1946, 431 S.

Kurz nach der Veröffentlichung der Broschüre besuchte Pater Laurentius Siemer den Kölner Erzbischof Josef Frings. P. Laurentius berichtet über sein Gespräch: »Da hätte Pater Welty eine Broschüre herausgegeben unter dem Titel ›Was nun?‹ In dieser Broschüre würde ein Sozialismus gepredigt, den man nicht billigen könne...« Kurze Zeit darauf besuchte Siemer Adenauer in Rhöndorf. Er berichtet: »Adenauer zeigte mir das von ihm aufgestellte Programm, das die von der CDU in Walberberg gefaßten Beschlüsse nicht nur formal, sondern auch inhaltlich modifizierte, und wünschte, darüber mit mir zu einer Aussprache zu kommen. Er nahm fast jede von mir geübte Kritik dankbar an, zeigte aber keine große Bereitwilligkeit, die von mir gewünschte Umänderung des Abschnitts über die sozialen Forderungen der CDU vorzunehmen«. Der spätere Bundeskanzler und Vorsitzende der CDU lehnte die Sozialisierungsvorschläge der Walberberger ab. Die Entwicklung hat ihm Recht gegeben. Die CDU entschied sich für die freie und soziale Marktwirtschaft, wie sie von Alfred Müller-Armack und Ludwig Erhard entwickelt wurde.*

Der Wuppertaler Rechtsanwalt Otto Schmidt formulierte fast zur gleichen Zeit für die evangelischen Christen in der CDU die Schrift »Christlicher Realismus — ein Versuch zu sozialwirtschaftlicher Neuordnung«.** Über deren Wirkungsgeschichte ist leider nicht viel bekannt, sie dürfte aber bei protestantischen CDU-Leuten eine Rolle gespielt haben. Schmidt versuchte die wirtschaftliche Neuordnung durch eine Abgrenzung vom liberalen Früh- und Spätkapitalismus und von der sozialistischen Wirtschaftsdemokratie. Ziel der

* Über Ursprung und Programmentwicklung vgl. Uertz, Rudolf: Verpflichtendes Erbe, in: DIE NEUE ORDNUNG 39, 2 (1985), S. 84—93.

** Schmidt, Otto: Christlicher Realismus — ein Versuch zu sozialwirtschaftlicher Neuordnung, Schriftenreihe der Christlich Demokratischen Union des Rheinlandes, Heft 7, Köln o. J.; neugedruckt in DIE NEUE ORDNUNG, Sondernummer September 1985, S. 55.

Wirtschaft, hier stimmen der Protestant Schmidt und der Katholik Welty überein, ist es, »dem Menschen zu dienen, indem sie seinen Bedarf an Gütern deckt«.*
Schmidt geht in der Aufgabenbestimmung der Wirtschaft aber weiter als Welty. Er erklärt, daß das Prinzip »Bedarfsdeckung« nicht mißverstanden werden darf, als ob dieses Ziel — gemeint ist die Bedarfsdeckung — schon damit erreicht sei, daß das physisch Lebensnotwendige beigeschafft wird. Nur wo ein Überfluß an Gütern vorhanden sei, könne sich ein kultureller Freiheitsraum entfalten. »Dies Ziel einer reichlichen Bedarfsdeckung kann aber nur erreicht werden, wenn der natürliche Egoismus des Menschen als Antriebskraft eingeschaltet ist und Wirkungsfreiheit hat, bis an die Grenze, wo die gemeinsame Wohlfahrt verletzt wird.« Dieser Freiheitsraum wirtschaftlichen Handelns braucht den lauteren Wettbewerb um die bessere und preiswertere Leistung. Das ist das, was wir »Privatinitiative« nennen.**

Einflußreiche »Linkskatholiken«?

Meinungsführer im deutschen Sozialkatholizismus waren nach dem Zweiten Weltkrieg der Dominikaner E. Welty und der Jesuit O. von Nell-Breuning. Diese beiden Patres konnten sich nur schwer mit der sozialen Marktwirtschaft abfinden, wie sie ab 1949 von der CDU vertreten wurde. Über ihre Kreise versuchten sie die Wirtschafts- und Sozialpolitik zu beeinflussen. Die beiden großen Gelehrten sind geradezu klassische Zeugen für die Zeitlosigkeit und Zeitgebundenheit der katholischen Soziallehre. Diese bietet den Katholiken kein bis

* A.a.O., 55.
** A. a. O., 55

ins Detail ausgearbeitetes und ewig gültiges Programm der wirtschaftlichen, sozialen und politischen Ordnung an.*
Für jeden wirtschaftlichen oder sozialen Mißstand hat sie nicht sofort das entsprechende Mittel oder »die« richtige Lösung bereit. Staat, Wirtschaft und Gesellschaft werden nicht unter der Rücksicht betrachtet, wie sie jeweils in der konkreten Situation mit den zweckdienlichsten Mitteln zu ordnen sind. Dafür sind die Fachleute bzw. die Politiker unmittelbar zuständig.
Man kann die katholische Soziallehre als Entwurf eines gesellschaftlichen Ordnungsbildes auf der Grundlage unveränderlicher ethischer Grundsätze bezeichnen. Es gibt aber keine für alle Zeiten gültige katholische Wirtschafts-, Sozial- und Staatsordnung. Die katholische Soziallehre war immer eine Reaktion auf aktuelle Zeitfragen. Eine systematische Gesamtdarstellung von päpstlicher Seite liegt bis heute nicht vor. Es gibt nur zahlreiche Sozialenzykliken, also Sozialrundschreiben, offizielle und offiziöse Erklärungen der Päpste und entsprechende Kommentare der Sozialethiker. Diese aber wiederum unterscheiden sich nach Denkschulen und Zeitumständen, Sympathien für politische Parteien und soziale Bewegungen, z. B. für die Gewerkschaften. Für diese Feststellung mag ein Beispiel stehen, das aber durch viele andere ergänzt werden kann. Einige deutsche Sozialethiker und Wortführer links orientierter Arbeitnehmergruppen setzten 1949 auf dem 73. Deutschen Katholikentag in Bochum eine Resolution durch, in der es u. a. hieß: »Die katholischen Arbeiter und Unternehmer stimmen darin überein, daß das Mitbestimmungsrecht aller Mitarbeitenden bei sozialen, persona-

* Der Jesuit H. J. Wallraff bezeichnet die katholische Soziallehre als »ein vielfältiges Geflecht aus ethischen Garantien und Idealen, aus Vorlieben und Vorschlägen, aus Skizzen und Erinnerungen, aus Vergleichen, Abgrenzungen, aus Visionen und kommentarhaften Bemerkungen«, zitiert nach Henning, Rudolf: Katholische Soziallehre, in: Katholisches Soziallexikon, hrsg. v. Alfred Klose, Wolfgang Mantl, Valentin Zsifkovits, Innsbruck-München-Wien-Graz 1980, Sp. 1307.

len und wirtschaftlichen Fragen ein natürliches Recht in gottgewollter Ordnung ist, dem die Mitverantwortung aller entspricht. Wir fordern eine gesetzliche Festlegung. Nach dem Vorbild fortschrittlicher Betriebe muß schon jetzt überall mit seiner Verwirklichung begonnen werden.« Der verquollene theologische und scheinrevolutionäre linke Sprachduktus dieser Resolution ist von Gläubigen und Ungläubigen zu genießen! Was ist »gottgewollt« in der Wirtschaft? Was sind »fortschrittliche Betriebe«?

Die Engländer hatten damals im Ruhrbergbau und in der Stahlindustrie die paritätische Mitbestimmung eingeführt. War das wirklich ein Fortschritt oder gottgewollt? Die Antwort aus Rom ließ nicht lange auf sich warten. Pius XII., der in seinem Pontifikat keine Sozialenzyklika veröffentlichte, er hielt immer nur kleine Ansprachen oder schrieb Briefe zu Detailproblemen, die nichts desto weniger besonders pointierte Aussagen enthielten, qualifizierte vor den Teilnehmern des internationalen Kongresses für Sozialwissenschaft am 3. Juli 1950 diese Resolution als »sozialistisches Denken«. Der Papst erklärte in seiner Ansprache, daß »weder die Natur des Arbeitsvertrages noch die Natur des Betriebes von sich aus notwendig ein solches Recht« nach sich ziehe.

Manche Ökonomen, Soziologen und Politiker betrachten die katholische Soziallehre von oben herab und belächeln sie etwas mitleidig. Das Verständnis dieser Doktrin setzt die Kenntnis des Selbstverständnisses der römischen Kirche voraus. Sie versteht sich als die von Gott bestellte Hüterin der natürlichen und übernatürlichen Ordnung; sie anerkennt die relative Eigengesetzlichkeit von Gesellschaft, Wirtschaft und Politik. Für die organisatorisch-technische Gestaltung dieser Bereiche, d. h. die Frage, mit welchen Mitteln und Zwecken sie zu gestalten sind, hält sich die Kirche nicht zuständig.

Grenzen der Soziallehre

Die genannten Schriften und Stellungnahmen sind geschichtliche Zeugnisse für das Ringen katholischer und evangelischer Christen um die programmatische Gestaltung der CDU. Die Verfasser bekannten sich übereinstimmend zu einem Staat, der »christlich«, »deutsch«, »demokratisch und sozial« sein sollte.
Dieses Erbe hat die CDU zu pflegen und entsprechend den gewandelten Verhältnissen neu zu durchdenken.* Die programmatische Erneuerung der CDU begann in der Zeit der Großen Koalition. Der damalige Generalsekretär der CDU, Dr. Bruno Heck, setzte eine Grundsatzdiskussion in Gang, deren Ergebnisse im »Berliner Programm« festgeschrieben wurden. Bruno Heck und Eugen Gerstenmaier waren politische Grundsatzdenker und besaßen eine sprachliche Formulierungskraft, wie man sie in der gegenwärtigen CDU nicht mehr findet.

Vergessene Namen

Diese Erläuterungen dürften vielleicht auch gut und nützlich sein für manche CDU-Mitglieder, denen die Namen Ludwig Erhard und Alfred Müller-Armack, der den Begriff »soziale Marktwirtschaft« einführte, unbekannt sind. Die Namen Franz Böhm, Franz Etzel, Fritz Hellwig, Bernhard Pfister, Hugo Scharnberg sind auch für die meisten Mitglieder der CDU-Programmkommission, die sich mit sozial- oder wirtschaftspolitischen Fragen befassen, fremd. Diese Männer formulierten die »Düsseldorfer Leitsätze«, nach denen unter sozialer Marktwirtschaft folgendes zu verstehen ist:

* Vgl. Uertz, Rudolf: Verpflichtendes Erbe? — Ursprung und Programmentwicklung der CDU, in: DIE NEUE ORDNUNG 39, 2 (1985) 84—93.

»Die sozial-gebundene Verfassung der gewerblichen Wirtschaft, in der die Leistung freier und tüchtiger Menschen in eine Ordnung gebracht wird, die ein Höchstmaß von wirtschaftlichem Nutzen und sozialer Gerechtigkeit für alle erbringt. Diese Ordnung wird geschaffen durch Freiheit und Bindung, die in der sozialen Marktwirtschaft durch echten Leistungswettbewerb und unabhängige Monopolkontrolle zum Ausdruck kommen. Echter Leistungswettbewerb liegt vor, wenn durch eine Wettbewerbsordnung sichergestellt ist, daß bei gleichen Chancen und fairen Wettkampfbedingungen in freier Konkurrenz die bessere Leistung belohnt wird. Das Zusammenwirken aller Beteiligten wird durch marktgerechte Preise gesteuert.«*

Dieser Hinweis auf die »Düsseldorfer Leitsätze« soll auf die Tradition hinweisen und die Verpflichtung, das Erbe der Gründerväter zu bewahren. Zwar finden sich in zahlreichen Veröffentlichungen der CDU alle Programme, Leitsätze und Manifeste schön gedruckt, aber sie stehen halt auf dem Papier. Parteiprogramme haben das Schicksal, nur von einigen Fachidioten gelesen zu werden.

Mangelware: Ökonomischer Sachverstand

Vierzehn Jahre lang verwaltete Ludwig Erhard das Wirtschaftsressort. Der »Vater des Wirtschaftswunders« verkörperte eine Ordnung, nämlich die soziale Marktwirtschaft. Seine wirtschaftspolitische Kompetenz war unbestritten. Ihm folgte der oldenburgische Mittelständler Kurt Schmücker,

* Vgl. Die Geschichte der CDU — Programm und Politik der Christlich Demokratischen Union Deutschlands seit 1945, Redaktion und Bearbeitung: Wulf Schönbohm, Bonn 1980, 35.

der das Ressort nur drei Jahre (1963 bis 1966) verwaltete. Dann kam die »Große Koalition« mit Karl Schiller. Nach ihm gab es nur noch einen erstklassigen Wirtschaftsminister, nämlich Otto Graf Lambsdorff von der FDP. Längst hat die FDP mit der CDU gleichgezogen und die Zeiten, in der man die Soziale Marktwirtschaft mit der CDU/CSU fast identifizierte, sind längst vorbei.

Im Kabinett Kohl und in der CDU/CSU-Bundestagsfraktion sucht man vergeblich nach qualifizierten Wirtschaftspolitikern, die von Unternehmern und Bürgern ernstgenommen werden. Birgit Breuel leitet mit großem Erfolg die Treuhand und läßt sich in ihrer marktwirtschaftlichen Einstellung nicht beirren. Aber sonst ist weit und breit in der CDU noch nicht einmal ein Ludwig Erhard »en miniature« zu finden.

Neuer Wirklichkeitssinn

Der real-existierende Sozialismus ist gescheitert. Die Zentralverwaltungswirtschaft war geplante Armut und endete im Chaos. Die Versorgung der Menschen mit lebenswichtigen Gütern war mangelhaft.

Woran scheiterte der Kommunismus? Er war wirtschaftlich bankrott und die leninistisch-marxistische Ideologie brachte den Menschen nicht das verheißene Glück.

Beflissen und geschmeidig sprechen heute Altkommunisten, Sozialisten jeglicher Couleur über die Marktwirtschaft. Demokratie und Marktwirtschaft lautet die Parole. Dabei haben die Politiker und Bürger in den ehemaligen sozialistischen Staaten von der Marktwirtschaft die unterschiedlichsten Vorstellungen. Aber nicht nur sie. Sichtet man die absurden Finanzierungsvorschläge der ostdeutschen CDU-Bundestagsabgeordneten unter Führung des präpotenten Verkehrsministers Krause und wohlwollend gefördert von Wolfgang Schäuble, dann gelangt man schnell zu dem Urteil: von Marktwirtschaft keine Ahnung, reine Verteilungs- bzw. eiskalte Machtpolitiker, die von wirtschaftspolitischen Ordnungsprinzipien nicht allzu viel halten. Das sind die christlichen Neo-Sozialisten, die »bedenkenlos und im Wissen um ihre derzeitige Unerfüllbarkeit immer neue Milliardenforderungen an den Bundeshaushalt erheben, ständig neue, leistungshemmende Abgaben bis hin zur Zwangsanleihe erfinden und nach sozialistischer Weise stets auf der Suche nach Steuererhöhungen« sind.* Diese Verschuldungsexperten in der CDU haben längst die hausväterliche Weisheit vergessen, daß man zuerst Geld verdienen muß, um es ausgeben zu können. Die Bürger müssen dankbar sein, daß es eine CSU und eine FDP gibt, welche die finanz- und wirtschaftspolitischen Voten dieser Volksvertreter nicht mitmachen. Die Infizierung durch die wirtschaftlichen Vorstellungen des Sozialismus oder reines Machtstreben haben sie blind gemacht für ordnungspolitische Wertvorstellungen. Im Ruinieren der Staatsfinanzen sind sie große Könner. Sie sollten besser die Währung schützen. Das Schuldenmachen des Staates hat seine Grenzen. Die christlichen »Geld-aus-dem-Fenster-Werfer«, sie ruinieren den Staat mehr als jugendliche Bierflaschenwerfer, sollten bedenken, daß die Menschen immer ein feines Gespür für den Geldwert hatten. »Im alten Gent z. B.«, so berichtet Wolfgang Baumann »wurde, wer einen Mord beging, geköpft. Wer Geld, d. h. Münzen fälschte, kam in siedendes Öl oder, wenn das zu teuer war, in siedendes Wasser. Die Menschen wußten einfach, daß ein Mensch nur

* Scharnagl, W.: CSU-Mahnung an die CDU: Klassische Unionspolitik! in: Bayernkurier 43, Jhg. Nr. 38, 19. 9. 1992, S. 1.

ein Haupt zertreten kann; daß vermanschtes Geld aber die Gesellschaft zerstört«;* CDU-Politiker, die eine inflationäre Politik betreiben, sollten wissen: Inflation vernichtet das Vermögen des »kleinen Mannes«. »Es wäre nicht abwegig«, schreibt W. Baumann, »die großen Geldmanipulateure — Kaiser, Könige, Fürsten, Präsidenten, Führer, gefällige Notenbankpräsidenten — in Öl zu sieden — natürlich bildlich gesprochen«. Dazu rechnen könnte man auch die großen Schuldenmacher in demokratisch gewählten Parlamenten.**

Ordnungspolitische Alternativen

Die CDU-Programmschreiber würden gut daran tun, sich noch einmal die theoretischen und praktischen Unterschiede zwischen der liberalen Marktwirtschaft, der Zentralverwaltungswirtschaft und der sozialen Marktwirtschaft klarzumachen, um sich dann eindeutig für die soziale Marktwirtschaft zu entscheiden. Ulf Fink, Heiner Geißler, Peter Hintze, Günter Krause, Heribert Scharrenbroich, Rita Süssmuth und Konsorten sind nämlich auf dem besten Weg, die CDU zu einer parasozialistischen Partei umzuformen, weg von der Marktwirtschaft.
Der klassische Liberalismus verkörperte die Idee der Freiheit gegenüber dem Staat: Der Mensch sollte die überkommenen Bindungen sprengen, der Staat auf einen engen Wirkungsraum beschränkt werden. Das galt ebenso für den politischen wie für den wirtschaftlichen Bereich. Die Philosophie des Li-

* Vgl. Baumann, W.: Ein fester Platz im Schöpfungsplan, Der Christ und die Macht des Geldes, in: DIE NEUE ORDNUNG 43, 1 (1989), 55.
** Vgl. A. a. O., 56.

beralismus betonte die Mündigkeit und die Eigenständigkeit des Menschen. Der frühe »Laissez-faire-«Liberalismus (»laßt machen, laßt laufen«) war davon überzeugt, daß sich die Wirtschaft von selbst ordnet, wenn man der Entwicklung und dem Tatendrang der einzelnen nur freien Raum ließe. Das Interesse eines jeden am Eigenwohl würde zwangsläufig auch zum Wohlergehen der Gesellschaft führen. Dies war der Grundgedanke des wirtschaftlichen Liberalismus, den Adam Smith (1723—1790) verkündete. Im vorigen Jahrhundert gedieh die liberale Marktwirtschaft zu hoher Blüte. Aber das 19. Jahrhundert war auch das Zeitalter sozialer Mißstände, die das Aufkommen des Sozialismus begünstigten. Dazu kam, daß David Ricardo (1772—1823), Nationalökonom des frühen Liberalismus, den Menschen im wirtschaftlichen Gefüge lediglich als einen Faktor, als eine »Ware« ansah, wie ein Begründer der deutschen Arbeiterbewegung, Ferdinand Lassalle, sagte.

Die Wortführer der sozialistischen Arbeiterbewegung bekämpften die liberale Marktwirtschaft, forderten Verstaatlichung oder Vergesellschaftung der Industrien. Der Staat sollte Eigentümer der Produktionsmittel werden und dadurch die Möglichkeit entstehen, die Produktion an den Bedürfnissen der Gesellschaft nicht am Gewinnstreben der einzelnen zu orientieren. Ein Hauptproblem der Zentralverwaltungswirtschaft lag in der Beschaffung zuverlässiger Informationen. Informations- und Organisationsmängel waren die Ursachen dafür, daß die Produktion immer unzureichend war und mit den wirklichen Bedürfnissen der Bevölkerung nicht übereinstimmte. Nach über sieben Jahrzehnte in der alten Sowjetunion und nach vierzig Jahren in der untergegangenen DDR wissen wir: die Zentralverwaltungswirtschaft versagte total.

Die soziale Marktwirtschaft als die Wirtschaftsordnung der Bundesrepublik Deutschland wurde von der CDU/CSU mit

der FDP politisch verwirklicht. Sie gibt dem Staat verschiedene Instrumente in die Hand, mit denen er ausgleichend in das Wirtschaftsleben eingreifen kann. Ihr Ziel ist die Verschmelzung von Einzel- und Gemeinschaftsinteressen.
Die soziale Marktwirtschaft modifizierte den klassischen Wirtschaftsliberalismus in folgenden Punkten:

1. Die wirtschaftliche Freiheit für jedermann ist existentieller und wesentlicher Bestandteil der freiheitlichen Ordnung; das bedeutet konkret: freier Leistungswettbewerb zwischen den Unternehmen, freier Marktzugang für jeden, freie Berufswahl, freie Wahl des Arbeitsplatzes und freie berufliche Entwicklungschancen.
2. Der Wettbewerb ist wesentlicher Bestandteil der volkswirtschaftlichen Leistungssteigerung und Machtverteilung mit sozialen Ausgleichswirkungen, er koordiniert die Marktkräfte.
3. Der Staat hat mit den Instrumenten der marktwirtschaftlichen Ordnungspolitik die rechtlich-institutionellen Rahmenbedingungen zu schaffen und ihre Funktionsfähigkeit durch eine entsprechende Prozeßpolitik zu sichern.

Zeitgenössische Irrtümer

In den vergangenen Jahrzehnten, besonders in der Zeit der links-liberalen Koalition (1969—1982), wurden Begleiterscheinungen der sozialen Marktwirtschaft von linken Ideologen stark kritisiert. Die CDU habe sich mit Haut und Haaren dem Grundsatz »Enrichissez-vous« verschrieben. Die großen Erfolge im privat-wirtschaftlichen Bereich seien zwar nicht zu leugnen, die öffentlichen Verpflichtungen seien aber vernachlässigt worden. Das Leistungs- und Erfolgsprinzip, der sogenannte »Wachstumsfetischismus«, die »Profitsucht«, die Weckung von »falschen Bedürfnissen«, Leistungsentlohnung und Umweltzerstörung seien die negativen Seiten der sozialen Marktwirtschaft. Diese Kritik aber war und ist ein Zerrbild der Marktwirtschaft.

Mit einfachen Sätzen ist diese Kritik zu relativieren und zurückzuweisen. Ohne Leistung gäbe es keinen Fortschritt auf allen Gebieten: vom Holzkohleofen bis zum Mikrowellenherd, von der Schellackschallplatte bis zur compact disc, vom Esel als Reittier bis zum Auto oder Düsenflugzeug. Berufliche Erfolge und Anerkennung für eine gut geleistete Arbeit stabilisieren das Persönlichkeitsgefüge des Menschen und sind für seine seelische Entwicklung so notwendig wie Essen und Trinken. Mißerfolge machen unzufrieden, erzeugen Misanthropen. Ohne wirtschaftliches Wachstum können wir unseren Lebensstandard nicht erhalten und vor allem nicht die Systeme der sozialen Sicherung bezahlen. Daß Geldverdienen Spaß machen kann und viel Geld verdienen noch mehr Freude, wird von den Kritikern meist so nebenbei übersehen, obwohl sie fast immer ein sinnliches Verhältnis zum Geld haben und ganz schön rechnen können. Was »richtige« und »falsche« Bedürfnisse sind, das entscheidet in unserer Wirtschaftsordnung der Markt. Die Menschen zerstören die Umwelt, aber sie können diese auch wiederaufbauen. Längst sind die verhängnisvollen Auswirkungen des leichtsinnigen und ausbeuterischen Umgangs mit der Natur erkannt.

Daß es Fehlentwicklungen in unserer Wirtschaftsordnung gibt, ist nicht zu bestreiten. Deren Ursachen sind zu erkennen und dann zu beseitigen. Pessimismus ist hier nicht angebracht. Die Menschen werden »ihre« Welt nicht vergiften. Die CDU sollte sich nicht auf den totalen Ökotrip begeben, sie könnte vor lauter Umweltschutz die Wirtschaft zu Tode »grünen«.

Freiheit, Recht und Ordnung sind die Fundamente der sozialen Marktwirtschaft. Darauf wies Ludwig Erhard immer wieder hin. Er und seine Mitstreiter verstanden diese Wirtschaftsordnung nie allein rein materiell, sondern wertgebunden.

Ökonomischer Pragmatismus

Im Laufe der Zeit hat sich in der CDU ein ökonomischer Positivismus in strukturellen und konjunkturellen Bereichen durchgesetzt. Es begann eine Entwicklung weg von der sozialen Marktwirtschaft zu einem punktuellen Staatsinterventionismus. Die parlamentarische Demokratie ist ein Spiegel der pluralistischen Gesellschaft. Ihre theoretische und praktische Schwierigkeit besteht darin, ein Leitbild verwirklichen zu wollen, das die Wirtschaftsordnung zunächst als Rechtsordnung auffaßt, welche die Freiheit des Individuums über die wirtschaftliche Effizienz und Zweckmäßigkeit stellt. Dieses Leitbild der sozialen Marktwirtschaft wurde verdrängt durch einen ökonomischen Positivismus, den man besser Pragmatismus nennt. Dieser Pragmatismus ist bei Politikern, Gewerkschaften und Unternehmern auszumachen, die rein nach Nützlichkeitserwägungen handeln.
Viele Politiker erkennen nicht, daß unsere Gesellschaft von drei Faktoren geprägt wird: von der demokratischen Staatsordnung, einer dynamischen Wirtschaftsordnung und einem lebendigen moralisch-kulturellen Fundament. Der Staat besitzt die Zwangsgewalt, er verfügt über die Polizei und die Bundeswehr. Das staatliche Element ist immer stärker als das wirtschaftliche oder das sittlich-kulturelle. Aber alle drei Elemente sind notwendig, damit sie einander die Waage halten. Manchmal kann die Verantwortung für das Gemeinwohl der

Bundesrepublik Deutschland, d. h. konkret für das wiedervereinigte Deutschland, die Regierung zu wirtschafts- oder kulturpolitischen Eingriffen in die Wirtschaft zwingen. Manchmal verlangen aber die Strukturgesetze der sozialen Marktwirtschaft ihre Respektierung von den Politikern und von den Bürgern die Kardinaltugenden der Klugheit und des Maßes. Diese moralischen Tugenden sind notwendige Voraussetzungen für unser Gemeinwesen, wenn es funktionieren soll. Sittliche und religiöse Tugenden müssen alle Bürger, die mit der Wirtschaft zu tun haben, durchdringen. Jede der drei Ordnungen muß die beiden anderen kontrollieren und bereichern. In jeder Person — die zugleich Staatsbürger, von der Wirtschaft abhängig und Sucher des Guten und Wahren ist — sind diese drei Ordnungen irgendwie verkörpert.

Die im Sinne von Ludwig Erhard und Alfred Müller-Armack konzipierte soziale Marktwirtschaft respektiert keine Klassenschranken. Nach dem Leistungsprinzip kann jeder gesellschaftlich aufsteigen. Das ist die dynamische Seite dieser Wirtschaftsordnung. Sie hat aber auch eine statische. Die Verbände, die »corps intermédiaires«, deren Bedeutung Montesquieu schon im 18. Jahrhundert erkannte, beherrschen die Gesellschaft und durchdringen mit ihren partikulären Interessen Staat und Wirtschaft. Die geistigen Väter der Marktwirtschaft und der Wettbewerbsordnung wußten noch, daß wir einen starken Staat brauchen zur Verwirklichung wirtschafts- und sozialpolitischer Gemeinwohlziele. Der Staat ist aber in unserer Zeit schwach. Dafür einige Beispiele aus dem Jahr 1992. Der massive Druck der ÖTV bei den Lohnverhandlungen zeigte die Schwäche der öffentlichen Arbeitgeber in Bund, Ländern und Gemeinden. Die unangemessenen Reaktionen von Ärzteverbänden und Pharmaindustrie auf die Pläne zur Reform des Gesundheitswesens und das Verhalten der Wirtschaft zu den Plänen zur Einführung der Pflegeversicherung zeigen, welchen massiven Einfluß die Verbände auf den Staat ausüben.

»Trial and error«

Wirtschafts- und sozialpolitische Grundsätze in Programme zu formulieren ist eine Sache, eine andere ist es, sie nach der Methode von »trial and error« zu verwirklichen. Es gibt zwei Feinde der Menschen mit katastrophalen Auswirkungen: Tyrannei und Armut. Die Menschen von beiden zu befreien oder vor beiden zu schützen, ist die Aufgabe jeder Wirtschafts- und Sozialpolitik.
Die Furcht und die Erfahrung mit menschlichen Schwächen schaffte in der Geschichte Barrieren gegen die Tyrannei. Die soziale Marktwirtschaft und die freiheitliche Demokratie mit Gewaltenteilung und Kontrolle der gesellschaftlichen Kräfte sind die besten Garantien für die Entfaltung menschenwürdigen Lebens.
Wirtschaftliche Monopole und die Diktatur der Mehrheit können die Freiheit gefährden. Gefährlicher ist in unserer Zeit die Vergrößerung der staatlichen Macht oder der Brüsseler Europa-Bürokratie mit dem Anspruch, es gehe um das Gemeinwohl der Bundesrepublik oder der EG. Eine der besten Einschränkungen staatlicher oder multinationaler Macht ist das Prinzip Privateigentum.

Machtbeschränkung durch Privateigentum

In der europäischen Arbeiterbewegung überschattete die Frage nach dem Sinn des Privateigentums alle anderen Probleme. Die Konzentration des Besitzes in den Händen einiger Großkapitalisten oder Großagrarier rief den Willen zur Reform hervor. Im letzten Jahrhundert sah man im Sozialismus nichts anderes als die politische Bewegung, die das Privateigentum abschaffen wollte. Nach dem kläglichen Scheitern des Sozialismus täte die CDU gut daran, in Theorie und Praxis über die Ordnungsfunktion des Privateigentums nachzudenken. Was sie mit der letzten DDR-Regierung im Einigungsvertrag über das ehemalige Privateigentum in den neuen Ländern festgeschrieben hat, ist geradezu eigentumsfeindlich.

Die katholische Soziallehre hält das Privateigentum vom Gemeinwohl her für gerechtfertigt. Sie stützt sich dabei u. a. auf die Lehre des Thomas von Aquin, der das Privateigentum verteidigte.* Dafür führt er drei Gründe an: 1. Die Menschen sind fleißiger, denn im allgemeinen sorgt der Mensch für das Gemeinwohl schlechter als für sein Eigenwohl; 2. er geht sorgfältiger mit den eigenen Gütern um, wenn es klar umgrenzte Verantwortungsbereiche gibt; 3. das Privateigentum gewährleistet besser Ruhe und Friede unter den Menschen.**

Das Recht auf Eigentum ist weder absolut noch abstrakt. Es beruht auf dem praktischen Erfahrungsurteil, daß die schöpferische Kraft der Institution »Privateigentum« jeder anderen Eigentumsordnung überlegen ist. Es rechtfertigt sich aus der klugen Nutzung, die aus dem Eigentum eine größere Produktivität hervorbringt. Die Eigentümer sind Gott, der Gesellschaft und allen Mitmenschen gegenüber für die rechte Nutzung verantwortlich. Der Mensch ist als Ebenbild Gottes ein schöpferisches Wesen. Seine Schöpferkraft kann sich entfalten und wird angespornt, wenn er schöpferisch tätig sein kann.***

* Vgl. dazu Thomas von Aquin, Summa theologica, II-II 66, 2; vgl. auch Utz, A. F.: Recht und Gerechtigkeit. Kommentar zu Bd. 18 der Deutschen Thomas-Ausgabe Gemeinschaftsverlag Kerle, Heidelberg/A. Pustet, Graz-Wien-Salzburg 1953, 520—521.

** Vgl. A. a. O., 521; Welty, Eberhard: Herders Sozialkatechismus Bd. III., Die Ordnung des Wirtschaftslebens — Arbeit und Eigentum, Freiburg 1958, 16—22.

*** Vgl. Johannes Paul II., Laborem Exercens 15.

Geist — Ursache des Reichtums

Karl Marx nannte das Wirtschaftssystem der »bourgeoisen Demokratie« Kapitalismus. Er tat dies, um das Kapital von der Arbeit zu trennen. Seine Begriffsbestimmungen beherrschen immer noch das Denken zahlreicher Christen. Die Wurzel des Begriffes »Kapital« ist eine andere: Es kommt von lateinischen »caput«, also »Kopf«. Ursache des Reichtums und des Wohlstandes ist der erfinderische Geist, die schöpferische Kraft der menschlichen Intelligenz, welche die vom Schöpfer selbst in die Schöpfung gelegten Möglichkeiten zu entdecken sucht.

Die soziale Marktwirtschaft, von Linken jeder Couleur als »Kapitalismus«, »Ellenbogen«- oder »Zweidrittelgesellschaft« diffamiert, d.h. ein Drittel der Bevölkerung lebe in Armut, gewährt auf jeden Fall den Menschen mehr Freiheiten und Wohlstand als jedes andere System. Nicht zu verkennen ist jedoch, daß sich in einer materialistischen Zivilisation die Verhältnisse umkehren können wie im klassischen Kapitalismus oder seiner geistigen Zwillingsschwester, im Sozialismus.

In seiner Enzyklika »Laborem exercens« spricht Johannes Paul II. vom »Vorrang der Arbeit vor dem Kapital«. Er definiert das Kapital als unbeseelt, die Arbeit aber als Ausdruck der menschlichen Person. Zu den Arbeitern rechnet er auch die geistigen Arbeiter, die Unternehmensleiter, die tätigen Eigentümer.*

Das Eigentum muß von seinen Besitzern dynamisch genutzt werden. Nach katholischem Verständnis haben diejenigen, die Privateigentum an Produktionsmitteln besitzen, auch höhere moralische Pflichten. Ihnen ist das Eigentum zu schöpferischer, produktiver und kluger Nutzung anvertraut. Jeder

* Vgl. A. a. O. Nr. 9.

Eigentümer ist zeitlicher Verwalter eines Teils dieser Erde. Eines Tages muß er dem Schöpfer Rechenschaft geben über seine Verwaltung. Kein Eigentümer kann mit seinem Eigentum schalten und walten, wie er will.
Theologisch wird das Privateigentum mit der Leib-Geist-Struktur des Menschen begründet. Die Argumente für und gegen das Privateigentum sind in den letzten 200 Jahren von Theologen und Nationalökonomen in der Auseinandersetzung mit Sozialismus und Kapitalismus hin und her gewendet worden. Verstaatlichung und Planung waren die großen Ideale des Sozialismus jeder Schattierung. Der Staat als die von der Vernunft gesteuerte Maschine und der Mensch als ein einzubauendes Rädchen ohne eigene Verantwortung, das nur funktionieren muß, sollen die allgemeine Wohlfahrt der Staaten und Menschen herbeiführen. Der Sozialismus mit seiner Planwirtschaft führte zur allgemeinen Armut.
Weil der Sozialismus letztlich das Privateigentum an Produktionsmitteln ablehnt, ist er zutiefst freiheitsfeindlich.
Warum ein Plädoyer für das Privateigentum? Blicken wir zurück auf die Behandlung der Eigentumsfrage bei Thomas von Aquin, dann ergibt sich als zusätzlich zu den bereits damals vorgetragenen Argumenten für das Privateigentum folgende Perspektive: Arbeit und Kapital sind beide im Menschen verkörpert als einem Leib-Geist-Wesen, gleichsam inkarniert. Fähigkeiten, Wissen, Leistungswillen und Ehrgeiz sind Formen des Kapitals. Neuerdings spricht man viel vom »Humankapital«. Sinn des Eigentums und des erworbenen Reichtums ist es, sie zum Nutzen aller einzusetzen. In jeder wirtschaftlichen Tätigkeit sind Kapital und Arbeit untrennbar verbunden. In einem gewissen Sinne sind beide in jeder Person verkörpert.
Die Wirksamkeit der Arbeit hängt unmittelbar und in erster Linie von der Menge und Qualität des Kapitals ab, das sie nutzt. Kapital und Arbeit in zwei Klassen getrennt zu haben,

war ein schrecklicher Irrtum des Sozialismus.* Ebenso falsch war die Behauptung von Marx, die ein Glaubenssatz der sozialistischen Arbeiterschaft wurde, daß der Klassenkampf ein ehernes Gesetz der Geschichte sei.

Der Begriff »Arbeit«

Die Arbeit ist zutiefst mit der menschlichen Existenz verbunden. Der Begriff »Arbeit« wurde in seiner geschichtlichen Entfaltung soziologisch, wirtschaftlich, theologisch und gesellschaftsethisch unterschiedlich gedeutet und bewertet.

Soziologisch betrachtet, ist die Arbeit der Versuch des Menschen, sich an seine natürliche und soziale Umwelt anzupassen und diese zu gestalten. Die Arbeit ist die Grundlage und die prägende Form der Kulturkreise und der Gesellschaftssysteme.

Im wirtschaftlichen Sinne ist die Arbeit jede Tätigkeit, die auf Selbstversorgung mit materiellen Gütern gerichtet ist. Dazu zählen auch jene Tätigkeiten, die unmittelbar über Gelderwerb und Tausch der Versorgung des Arbeitenden mit Gütern und Dienstleistungen zur materiellen und ideellen Bedürfnisbefriedigung dienen.

Das theologische Verständnis der Arbeit ist biblisch begründet. Sie erscheint in der Bibel als etwas Selbstverständliches. Die biblische Wertung der Arbeit kann nicht aus deren direkten Aussagen, d. h. aus einzelnen Textstellen gewonnen werden. Sie ist vielmehr aus dem Strukturganzen der biblischen Botschaft zu erheben, wobei die zahlreichen indirekten Bezugnahmen zu anderen Begriffen (z. B. Sabbat, Sorge,

* Vgl. Pius XI., Quadragesimo Anno, 53.

Mensch, Mühe, Nahrung, Schätze, Wandel usw.) berücksichtigt werden müssen. Die Bibel zeigt an der Sabbat-Ruhe (Sonntagsruhe) ein größeres Interesse als an der Arbeit. Die Arbeit gilt in allen ihren Formen als Dienen, und zwar als ein Dienst für Gott.

Nach dem gesellschaftsethischen Verständnis arbeitet der Mensch, wenn er zielbewußt tätig ist, um geistige oder stoffliche Güter, Werte oder Dienstleistungen zu schaffen oder zu erbringen.

Der Begriff »Arbeit« darf nicht eingeengt werden auf rein handwerkliche, industrielle oder wissenschaftliche Tätigkeiten. Auch die Leistung einer Hausfrau oder Mutter ist als Arbeit zu bewerten.

Tätigkeiten, die unmittelbar der persönlichen Bedürfnisbefriedigung dienen, z. B. Hausmusik oder Tennisspiel, also zweckfreie spielerische Tätigkeiten, werden im strengen Sinne nicht zur Arbeit gerechnet. Der Mensch arbeitet also nicht, wenn er schläft, spielt, sich erholt, sondern nur, wenn er etwas schafft, um notwendige Lebensbedürfnisse zu befriedigen. Menschliche Arbeit ist eine zielstrebige, oft angestrengte und langdauernde Tätigkeit, aber nicht jede anstrengende Tätigkeit des Menschen wird Arbeit genannt.

Die klassische Arbeiterbewegung verstand unter »Arbeit« nur die »Erwerbsarbeit«, nicht hingegen die viel umfangreicheren anderen Arbeiten. Diese Begriffsverengung auf die bezahlte Erwerbsarbeit führte zu einer fundamentalen Ungerechtigkeit gegenüber jenen Menschen, die ohne Entgelt für die Gesellschaft unentbehrliche Arbeiten leisten, z. B. die Mütter, die Kinder großziehen müssen.

Fußballspielen, Skifahren, Schwimmen, Bergsteigen sind zwar strapaziöse Tätigkeiten, aber im strengen Sinne keine Arbeit, da sie ihrer Natur nach nicht auf die Erzeugung von Gütern und Werten oder auf die Erbringung von Dienstleistungen abzielen.

Wieviel Arbeit ein Mensch für seine Daseinserfüllung braucht, läßt sich nicht allgemein festlegen.
Diese beschriebenen Abgrenzungen sind nicht logisch zwingend, sondern gewissermaßen willkürlich.

Würde der Arbeit

Die Arbeit ist Teil der Personwürde des Menschen. Der Mensch ist Person, d.h. Ebenbild Gottes, seiner Seele nach unsterblich, mit Verstand und freiem Willen, mit Gemüt und Vorstellungskraft begabt. Eine Person darf nie als reiner Nutz- oder Dienstwert, als bloßes Werkzeug oder Sache angesehen und behandelt werden. Die menschliche Arbeitskraft ist mehr als ein materielles Produktionsmittel, als Maschinen, Chips, Roboter oder Computer.
Nur wenn die Arbeit als personhafte Leistung gewertet wird, lassen sich Kriterien für eine menschenwürdige und gerechte Beurteilung der Arbeitslosigkeit finden. Die menschliche Arbeit ist also keine »Ware« und der Arbeitsmarkt daher kein Waren- oder Gütermarkt.
Die menschliche Arbeit ist die Ursache des Wohlstandes, der Kultur und des Fortschritts. Sie ist aber nicht der letzte Sinn oder Zweck des Lebens, sondern einem höheren Ziele untergeordnet: der Selbstverwirklichung des Menschen, d.h. der Entfaltung der eigenen Persönlichkeit durch die Verwirklichung von Möglichkeiten, die im Menschen selbst angelegt sind. Der Mensch kann, um sich voll entfalten zu können, auf Leistung nicht verzichten, die das Selbstwertbewußtsein entscheidend prägt. Arbeit ist heute ein lebenslang dauernder Lernprozeß.

Vom Sinn der Arbeit

Der persönliche Sinn

Die Arbeit sichert dem Menschen und seiner Familie den Lebensunterhalt, sie ist Erwerbstitel und Grundlage der wirtschaftlich-beruflichen Existenz. Für die meisten Menschen in unserer Gesellschaft ist die Arbeit die einzige Erwerbsquelle.

Die menschliche Arbeit hat von Natur aus zwei Eigenschaften: sie ist etwas Persönliches, da die Arbeitskraft wesentlich mit der Person verbunden ist; sie ist etwas Notwendiges, weil der Ertrag der Arbeit es dem Menschen ermöglicht, seinen Lebensunterhalt zu bestreiten.

Die Arbeit verschafft dem Menschen die Möglichkeit, seine beruflichen und sittlichen Fähigkeiten auszubilden und zu entfalten; sie fördert Geduld, Ausdauer, Solidarität und andere Tugenden, dadurch ist die Arbeit ein Mittel der Persönlichkeitsbildung, d.h. der Selbstverwirklichung.

Der soziale Sinn

Die Arbeit ist die wichtigste Voraussetzung für die Entwicklung der Wirtschaft und für den eigenen und sozialen Wohlstand. Ferner erleben die Menschen durch die Arbeit ihre gegenseitige Abhängigkeit, ihre solidarische Angewiesenheit aufeinander.

Der Mensch arbeitet für sich und seine Familie. Er verdient seinen Lebensunterhalt mit seiner Arbeit. Sie ist gleichsam solidarisches Einstehen füreinander zur Sicherung der Existenz.

Die Tätigkeit in einem bestimmten sozialen Umfeld oder in einem Unternehmen wirkt sinngebend und gemeinschaftsstiftend, sie vermittelt ein »Wir-Gefühl«.

Produktionsfaktor Arbeit

Die Arbeit ist der wichtigste der drei Produktionsfaktoren »Arbeit, Boden und Kapital«, denn sie ist menschlich-personhafte Leistung. Wer sie nur als Produktionsfaktor betrachtet, erniedrigt sie zur Ware, zum käuflich-verkäuflichen Sach- oder Tauschgut. Als Wirkursache hat die Arbeit Vorrang vor dem unbeseelten Kapital. Aber es gilt bei der Rangordnung der Produktionsfaktoren zu bedenken: Kapital ist nicht nur Geld. Wissen, Können, Gewohnheiten, Verhaltensweisen sind Formen von Kapital.
Die Tatsache weitverbreiteter Arbeitslosigkeit beseitigt jeden Zweifel, daß die Arbeit als Wirkursache in der wirtschaftlich-sozialen Wirklichkeit nicht dem Kapital vorangeht, sondern vielmehr Kapital, d. h. Neuinvestitionen voraussetzt. Die Schaffung neuer Unternehmen und damit neuer Arbeitsplätze hängt von der Mitwirkung anderer Faktoren ab, z. B. von Investoren. Kapital in diesem Sinne verstanden, ist, wie die Arbeit, menschlich. Arbeit, Kapital und der dazu kommende schöpferische Intellekt, d. h. unternehmerische Initiative, deren Aufgabe es ist, die Produktionsfaktoren Arbeit und Kapital miteinander zu verbinden und zum gewinnbringenden Zusammenwirken zu führen.

Zum Produzieren gehören Hilfsmittel, d. h. Ressourcen:
1. die natürlichen Ressourcen, die Rohstoffe (Produktionsfaktor Boden in der klassischen Nationalökonomie);
2. die menschliche Ressource Arbeitskraft;
3. die technischen Ressourcen (Kapital);
4. die Ressource Energie.

Die klassische Unterscheidung der drei Produktionsfaktoren — Arbeit, Boden und Kapital — gilt nicht mehr und war auch wohl immer zu eng. Zur menschlichen Arbeitskraft zählt

auch die geistige Arbeit, der intellectus, d.h. der Unternehmungsgeist, der die Produktivfaktoren zusammenführt, miteinander verbindet und zum leistungsfähigen Zusammenwirken bewegt.
Die klassischen Produktionsfaktoren Arbeit und Kapital haben an Bedeutung verloren, die Ressource »Boden« (= Rohstoffe) an Bedeutung gewonnen. 1973 war das Jahr der Ölkrise, es beendete ein wirtschaftliches Zeitalter, das von den weltanschaulichen Gegensätzen Kapitalismus — Sozialismus und den ökonomischen Träumen von einer Überfluß- und Wegwerfgesellschaft geprägt war.

Fragwürdige Grundwidersprüche

Gibt es einen unüberwindbaren Grundwiderspruch, einen Gegensatz zwischen Kapital und Arbeit?
Nach marxistisch-sozialistischer Auffassung existiert ein unüberwindbarer, ein antagonistischer Widerspruch zwischen Kapital und Arbeit, der eine partnerschaftliche Zusammenarbeit zwischen Arbeitnehmer und Unternehmer unmöglich macht.
Das christliche Ordnungsdenken lehnt diese Hypothese ab und spricht sich für eine Zusammenarbeit von Arbeit und Kapital aus.
In den liberal-kapitalistischen Staaten ist die Gesellschaft nicht mehr nach Herkunft bzw. nach Produktionsfamilien strukturiert, sondern nach Interessen und Gruppen von Interessenten. Da der Mensch immer an einer Verbesserung seiner Lebensbedingungen interessiert ist, wird er sich entsprechend seiner Interessenlage Verbänden anschließen.
Die wirtschaftlich-sozialen Verbände in unserer Gesellschaft sind »Interessenverbände« und haben insoweit einen tendenziellen Klassencharakter. Die bundesrepublikanische Gesellschaft ist mehrdimensional strukturiert. Neben der Schich-

tung nach Eigentums- oder Organisationsmacht, gibt es die Klasse der politischen Macht-Haber, die den Nur-Wählern vorgesetzt ist und ebenso zahlreiche andere Klassen, z. B. die Klasse der Meinungsproduzenten in den Massenmedien. Die von einzelnen vertretenen Interessen sind meist nicht ein-, sondern mehrdimensional.
Die Auseinandersetzung wirtschaftlich-sozialer Interessengruppen entspricht der Eigenart komplexer Großgesellschaften und der von ihnen im Rahmen der beruflichen Arbeitsteilung gebildeten Erwerbsgesellschaft.

Der »um«-weltbezogene Sinn

Der ganze Kosmos, d. h. die »Um-Welt« (Boden, Luft, Wasser, Meere, Weltall), ist dem Menschen von Gott zur Herrschaft und Nutzung anvertraut. Durch die Jahrtausende haben die Menschen durch Arbeit die Welt gestaltet, die Kräfte der Natur sich erschlossen, gebändigt und dienstbar gemacht.
Der Mensch formt durch seine Arbeit die Umwelt und verändert sie, um sich einen bewohnbaren Lebensraum zu schaffen. Er bedient sich der Rohstoffe, wandelt sie um zu Nutzgütern für seine Zwecke. Die sprunghafte Entwicklung der Wissenschaft und Technik verschafft ihm eine früher nicht erahnte Macht über die Natur. Der Fortschritt, einst als Befreiung der Menschheit aus Unwissenheit gefeiert, droht in sein Gegenteil umzuschlagen, in Zerstörung. Die Rohstoffe, welche die Natur dem Menschen zur Verfügung stellt, sind nicht unerschöpflich. Boden, Luft und Wasser sind keine »freien Güter« mehr, über die man unbegrenzt verfügen kann. Umweltschäden haben viele Ursachen, z. B. Luftverunreinigung, Verschmutzung von Gewässern, Verseuchung der Böden. Die Verwendung von Kunstdünger in der Landwirtschaft führt zu einer übermäßigen Nitratanreicherung des Bo-

dens; der Konsumbereich beeinflußt ebenfalls negativ die Umwelt. Wohin mit dem Abfall? Chemische Waschmittel belasten den Wasserhaushalt. Motorfahrzeuge verunreinigen die Luft.
Die Folgen der industriellen Arbeitswelt sind nicht auf einzelne Regionen dieser Welt beschränkt, sie sind überall anzutreffen.
Die Natur darf durch die menschliche Arbeit nicht ausgebeutet oder zerstört werden. Für die heute Lebenden besteht die Pflicht, die Erde für Mensch, Tier und Pflanze zu erhalten.

Grenzen des Wachstums

Die natürlichen Ressourcen unserer Welt sind begrenzt. Daher kann es kein unbegrenztes wirtschaftliches Wachstum geben. Die wirtschaftlichen Wachstums- und Expansionstheorien nach dem Zweiten Weltkrieg beruhten auf dem Glauben an die Machbarkeit aller Dinge, an eine Unbegrenztheit der menschlichen Bedürfnisse und an eine Überflußgesellschaft. In Wahrheit sind die Bedürfnisse nicht unendlich, es gibt Sättigungsgrenzen, und die Rohstoffe sind knapp. Zu bedenken ist jedoch, daß nicht jedes wirtschaftliche Wachstum die gleiche Umweltbelastung und den gleichen Rohstoffverbrauch verursacht.
Wirtschaftswachstum kann auch die Erhöhung und Verbesserung von Dienstleistungen bedeuten. Ferner lassen sich knappe Rohstoffe bei Verteuerung durch weniger knappe ergänzen oder ersetzen. Das positive Ausmaß des technischen Fortschritts darf nicht unterschätzt werden.
In Zusammenhang mit der Umweltschutzdiskussion wird ein »qualifiziertes Wirtschaftswachstum« gefordert. Nach welchen Maßstäben soll dann das Wirtschaftswachstum »quali-

fiziert« werden? »Qualifiziertes Wachstum« kann nur heißen, neues Wissen, neue Technologien, Innovationen. Intelligenz und Phantasie müssen besser eingesetzt werden.
Ein wirtschaftliches »Nullwachstum« ist grundsätzlich abzulehnen, denn es bedeutet Stagnation, Arbeitslosigkeit und Abschied vom heutigen Wohlstand.
Jeder Entwicklungsprozeß bringt Zerstörung mit sich, schafft aber zugleich Neues. Dies ist ein dialektischer Prozeß.
Für den sozialen Frieden hat das Wirtschaftswachstum eine große Bedeutung. Solange laufend erhöhte Einkommensansprüche gestellt werden, lassen sich diese einigermaßen konfliktfrei nur bei Wirtschaftswachstum erfüllen.
Wirtschaftswachstum ist ein notwendiges Element für die Existenz der Demokratie, die auf Berufsmobilität und Elitentausch beruht. Ohne Wirtschaftswachstum wird sich die Gesellschaft traditionalistisch und hierarchisch verfestigen mit erblichen Berufsmöglichkeiten.

Arbeit als Recht und Pflicht

Der Begriff »Recht auf Arbeit« ist nicht eindeutig. Er meint ein soziales Grundrecht und besagt im allgemeinen Sinne soviel wie »Recht zu arbeiten«. Der Staat ist, von schweren Notlagen abgesehen, nicht berechtigt und verpflichtet, einzelnen oder Gruppen Arbeit zuzuweisen. In unserer Verfassung (GG Art. 12) ist das Recht der freien Wahl von Arbeitsart und Arbeitsplatz als Grundrecht garantiert. Der Arbeitszwang wird abgelehnt, wohl aber wird für alle die gleiche öffentliche »Dienstleistungspflicht« gefordert.
Mit der marktwirtschaftlichen Ordnung ist das »Recht auf Arbeit« nicht zu vereinbaren, wenn es in dem Sinne verstan-

den wird, daß der Arbeitnehmer gegenüber dem Staat oder dem Arbeitgeber einen Anspruch auf die Beschaffung oder die Erhaltung eines Arbeitsplatzes hat.
Aus naturrechtlicher Sicht ist jeder Mensch verpflichtet zu arbeiten, soweit das persönliche und soziale Pflichten verlangen.

Grünes Biedermeier

»Der Mensch ist unter anderem deshalb Abbild Gottes, weil er von seinem Schöpfer den Auftrag empfangen hat, sich die Erde zu unterwerfen und sie zu beherrschen. Indem er diesen Auftrag erfüllt, spiegelt jeder Mensch das Wirken des Weltenschöpfers wider«, schreibt Papst Johannes Paul II. in »Laborem exercens«.* Wir erleben in der Bundesrepublik und in Europa ein grünes Biedermeier. In der Zeit der Zentral- und Gasheizungen, des Neonlichtes und vollklimatisierter Autos wird die Natur verherrlicht und seltsam verklärt betrachtet, der Mensch aber als böser und notorischer Umweltverschmutzer. Diese Sicht ist einseitig und entspricht nicht der Wirklichkeit. Die Natur war nie nur gutartig. Es gab und gibt unfruchtbare Böden, verheerende Stürme, Überschwemmungen, Wüsten und mörderische Klimazonen. Die Natur mußte im Laufe der Jahrhunderte vom Menschen durch Arbeit gezähmt und kultiviert oder, um es in der Sprache der Bibel zu sagen, dem Menschen dienstbar gemacht werden. Die Worte aus der Genesis »Macht euch die Erde untertan« sind für uns und kommende Generationen nach Johannes Paul II. von großer Bedeutung:

* Johannes Paul II.: Laborem exercens, 2.

»Sie beziehen sich auf alle Reichtümer, welche die Erde (und indirekt die sichtbare Welt) in sich birgt und die durch bewußte Tätigkeit des Menschen entdeckt und in geeigneter Weise verwendet werden können. So bleiben diese Worte am Anfang der Bibel zu jeder Zeit aktuell. Sie schließen alle vergangenen Epochen der Zivilisation und Wirtschaft ebenso ein wie die heutige Wirklichkeit und die zukünftigen Entwicklungsphasen, die sich vielleicht zu einem gewissen Grad bereits abzeichnen, großenteils jedoch dem Menschen noch fast unbekannt und verborgen sind.«*

Christlicher Optimismus

Die Botschaft der Bibel vermittelt Optimismus, keinen Pessimismus. Die Worte »Macht euch die Erde untertan« lehren uns, daß die Schöpfung nicht abgeschlossen ist. Sie birgt noch unendliche, heute noch nicht erahnte Möglichkeiten zur Weiterentwicklung. Wenn der Mensch den von Gott gesetzten Gesetzen in der Natur nachforscht und sie für die Menschen nützlich entwickelt, dann ist dies Teilhabe am göttlichen Schöpfungsauftrag.

Pessimismus und Angst vor dem technischen Fortschritt sind nicht angebracht. Bringen wir ein ganz simples Beispiel für den technischen Fortschritt: Die Entwicklung der Drucktechnik von Gutenberg über den Bleisatz bis hin zur modernen lasergesteuerten Druckmaschine sind z. B. Ergebnisse, die selbst Gegner des technologischen Fortschritts gern benutzen. Der Mensch sollte nur stärker als bisher geschehen die

* A. a. O., 4.

ökologischen Folgekosten seiner Innovationen abschätzen und zu minimieren lernen.
Der Mensch wird zum Mit-Schöpfer im Verwandeln der Welt und in der Verwirklichung seiner eigenen inneren Möglichkeiten. Jeder arbeitende Mensch ist Person und kein »bloßes« Produktionsmittel, eine »Ware«, die man kauft oder verkauft.

Sozialistische Denunziationen

Die Denunziation unserer sozialen Marktwirtschaft als »Kapitalismus« ist sozialistische Demagogie. Die freie und soziale Marktwirtschaft ist Garant der Menschenwürde.

— Nur die freie und soziale Marktwirtschaft ermöglicht dem wirklich Tätigen beständig und verläßlich die Alltagsfreiheiten.
— Nur die freie und soziale Marktwirtschaft achtet die freie Schöpferkraft jeder menschlichen Person. Aus diesem Grunde achtet sie das Privateigentum, den Anreiz statt den Zwang und die anderen Institutionen einer freien Wirtschaft.
— Nur die freie und soziale Marktwirtschaft verpflichtet alle Bürger zur Rücksichtnahme, d. h. zur Beachtung der frei geäußerten Bedürfnisse und Wünsche anderer, um ihnen dienstbar zu sein.

Unsere Wirtschaftsordnung ist nicht deshalb moralisch wertvoll, weil sie produktiv ist. Sie leitet ihren Wert vielmehr daraus ab, daß sie auf der Freiheit ihrer Teilnehmer aufbaut. Sie fördert den Erfindergeist besser und wirft gewaltige Erträge ab. Ohne die Marktwirtschaft könnten wir den Aufbau Ost überhaupt nicht leisten. Die sozialistische Planwirtschaft ruinierte Unternehmen und Menschen in Ostdeutschland. Und die Politiker dort haben

umzulernen. Das Geld für die neuen Länder kann weitgehend nur in den alten Bundesländern erwirtschaftet werden.
Die Marktwirtschaft belohnt neue Ideen, den Erfinder, den Unternehmer, den Schöpferischen, nicht den phantasielosen Verwalter von Unternehmen oder Betrieben.
In keiner anderen Wirtschaftsordnung genießt der Arbeitnehmer mehr soziale Achtung und Wohlstand. Alle Kritiker unserer Wirtschaftsordnung vergessen: Schöpferische Kraft und Kreativität stellen sich nicht von allein ein. In den Volkswirtschaften dieser Welt sind sie relativ selten.

Der Unternehmer

Wer ist ein Unternehmer und was ist ein Unternehmen? Diese beiden Fragen sind seit dem Aufkommen der modernen Industriegesellschaft in den letzten zweihundert Jahren theoretisch sehr verschieden beantwortet worden.
Der Unternehmer wurde als »Risikoträger«, »Kapitalist« oder »Manager« bezeichnet. Diese Begriffe können theoretisch noch ergänzt werden, aber diese Arbeit soll man den Sozialwissenschaftlern überlassen. Die von ihnen gemachten subtilen Unterscheidungen haben eine wichtige Lehrbuchbedeutung, sie eignen sich weniger für die Praxis. Die weitestgehende Begriffsbestimmung, die vom Wortsinn her kommt, »kennzeichnet den unternehmerischen Menschen durch seinen Willen, nicht nur auf die sich verändernden Umstände zu reagieren, sondern aktiv die Initiative in die Hand zu nehmen«.*

* Andreas, Clemens August: Unternehmer, in: Katholisches Soziallexikon, hrsg. v. Alfred Klose, Wolfgang Mantl, Valentin Zsifkovits, Innsbruck-Wien-München, 1980, 3106; zur begriffsgeschichtlichen Entwicklung vgl. den Artikel »Unternehmer« von Fritz Redlich im Handwörterbuch der Sozialwissenschaften, Bd.10, Stuttgart-Tübingen-Göttingen 1959, 486—498.

Die Fähigkeit, etwas zu unternehmen, ist bei zahlreichen Menschen aller Gesellschaftsschichten zu finden. Sie ist so etwas wie eine »angeborene Tugend« und unter Armen und Reichen verbreitet. Die unternehmerische Begabung ist keine Standestugend, nur selten vererbt sie sich durch Geburt. Damit sie sich entfalten kann, braucht sie eine stützende Staats-, Gesellschafts- und Wirtschaftsordnung.
Im weitesten Sinne des Wortes ist derjenige Unternehmer, der etwas unternimmt. Leistungswillen, schöpferisches Handeln und die Bereitschaft zur Übernahme von Risiken charakterisieren ihn. Die unternehmerische Fähigkeit ist kein Privileg der Reichen. Wer in eine Unternehmerfamilie hineingeboren wird, braucht nicht die unternehmerische Begabung seines Vaters oder Großvaters geerbt zu haben. Das unternehmerische Talent ist so etwas wie eine angeborene Tugend. Es ist unter Armen und Reichen verbreitet. Die unternehmerische Begabung achtet nicht auf die Geburt oder den gesellschaftlichen Status. Damit sie aber zur Entfaltung kommt, braucht sie eine schützende Ordnung. Leider können sich in vielen Staaten dieser Welt, die eine falsche Wirtschaftsordnung haben, diese Talente nicht entfalten.
Die Reichen und die Armen waren nie besonders unternehmungsfreudig. Der Reiche zählte sein Geld, aber er investierte es nicht. Die Armen sahen kaum Möglichkeiten, ihre Lage zu verbessern.
Der Unternehmer darf nicht habgierig sein, er muß vielmehr bereit sein, verdientes Geld wieder zu investieren. Die unternehmerische Existenz hat etwas Abenteuerhaftes. Es geht dem wirklichen Unternehmer ja nicht darum, Geld zu verdienen. Das ist nur ein angenehmer Nebeneffekt.
Die freie und soziale Marktwirtschaft ist keine Ordnung des freien Marktes oder des freien Unternehmertums. Die politische Ordnung hat viele und wichtige wirtschaftliche Aufgaben, einschließlich der Sorge für die Armen, Alten, Kranken,

mit einem Wort, für die Hilfsbedürftigen. Die CDU muß den totalen Wohlfahrts- oder Versorgungsstaat ebenso ablehnen wie eine liberalistische Auffassung, von Staat und Gesellschaft, die alles nur nach wirtschaftlichen Maßstäben bemißt.

Keine Wirtschaftsordnung kann alles leisten, was für ein menschenwürdiges Leben, d.h. für den Wohlstand und sozialen Frieden erforderlich ist. Es gehört aber zur Moralität einer Wirtschaftsordnung, den notwendigen Wohlstand zu schaffen, damit der Staat seine Gemeinwohlaufgaben erfüllen kann. (vgl. das Kapitel 6. Sozialpolitik).

Die Bürger müssen darauf achten, daß der Staat seine ungeheuere Macht nicht mißbraucht, seine Kompetenzen und seine Grenzen nicht ungebührlich ausdehnt, durch unkluges Handeln in seiner ureigenen Domäne versagt und die Dinge für alle Bürger zum Schlechteren wendet. Kritik an den Fehlern des Staates, d. h. der Regierung und den Parteien ist ebensowenig eine Mißachtung ihrer legitimen Aufgaben, wie Kritik an der Wirtschaftsordnung keine Mißachtung ihres Zweckes ist. Besonders in seiner Wohlfahrtsfunktion ist der Staat als letzte Zuflucht eine notwendige Institution für eine menschenwürdige Gesellschaft, wobei er aber nicht zum totalen Wohlfahrtsstaat werden darf.

In der Bundesrepublik, in den alten und den neuen Ländern gibt es ernste Mißverständnisse, wie eine wirtschaftliche Entwicklung zustande kommt. Viele Schriftsteller, Theologen, Künstler und auch viele Politiker oder sogenannte Intellektuelle nehmen an einem Wohlstand teil, den die Wirtschaft geschaffen hat. Ihnen fehlt oft einfach die Erfahrung oder das Wissen, um die wirtschaftlichen Ursachen des Wohlstandes einer Nation zu erkennen. Zahlreiche Kritiker lasten der Marktwirtschaft Fehler an, die, genauer betrachtet, Einzelpersonen vorzuhalten sind. In jeder Gesellschaftsgruppe gibt es Menschen, welche die Freiheit nicht richtig nutzen oder sogar mißbrauchen. Daß eine freie Gesellschaft und eine freie Wirtschaftsordnung die Menschen nicht per definitionem zu einem sittlich einwandfreien Verhalten zwingen kann, lasten ihnen Träumer und Utopisten aller Schattierungen an. Wenn der Staat und die Wirtschaftsordnung einige Anreize und Sanktionen einführt, eine entsprechende Bildungspolitik betreibt und die Menschen zum eigenverantwortlichen Handeln ermutigt, dann bleibt kaum noch etwas anderes zu tun. Die Freiheit zum sittlichen Tun schließt immer ein, daß einige unmoralisch handeln. Tatsächlich macht ja jeder Mensch einmal Fehler oder handelt unmoralisch. Aber es ist ungerecht, die soziale Marktwirtschaft für das Versagen freier Personen zu tadeln, so wie es ebenso ungerecht wäre, Gott zu kritisieren, weil er uns für die Freiheit und nicht für die Knechtschaft geschaffen hat oder dem Unkraut erlaubt, mit dem Weizen zu wachsen.* In seiner Instruktion über die Theologie der Befreiung stellte Kardinal Ratzinger fest:

> »Man darf auch nicht das Böse vorrangig und allein in den ökonomischen, sozialen und politischen ›Strukturen‹ orten, als hätten alle anderen Übel ihre Ursache und Quelle in diesen Strukturen, so daß die Schaffung eines ›neuen Menschen‹ von der Errichtung anderer ökonomischer oder sozio-politischer Strukturen abhinge. Gewiß gibt es ungerechte Strukturen, die auch wieder Unrecht hervorbringen und die zu ändern man den Mut haben muß. Die Früchte des menschlichen Tuns, die Strukturen, gute oder böse, sind eher Folgen als Ursachen. Die Wurzel des Bösen liegt in den freien und verantwortlichen Personen ...«**

* Vgl. Mt 13, 24—30

** Vgl. Ratzinger, Joseph, Absage an »gewisse Formen« der Befreiungstheologie — Die Instruktion der Glaubenskongregation, in: Herder-Korrespondenz 38 (1984) 467.

Hauptanreiz »Gewinn«

Wirtschaftliches Wachstum ist ohne Gewinn nicht möglich. Im gewöhnlichen Sprachgebrauch versteht man unter Gewinn das Einkommen, das sich aus der Nutzung des in ein Eigentum investierten Kapitals ergibt. Das ist die Sicht eines Buchhalters, die beschreibt, wie Einkommen auf die Produktionsfaktoren verteilt sind. Im eigentlichen Sinne ist Gewinn der Lohn für die unternehmerische Leistung. In einem Unternehmen muß einer bestimmen, welche Waren oder Dienstleistungen in welcher Menge entwickelt und zu welchen Preisen verkauft werden sollen, welche Produktionsmittel dazu benötigt werden, wie sie zu kombinieren sind und wie das Produkt oder die Dienstleistung jenen verfügbar gemacht werden soll, die ein solches Produkt erwerben möchten. Jeder dieser Schritte enthält Risiken und Kosten, verlangt Führungskraft, d. h. Urteils- und Entscheidungsvermögen. Jeder Fehler, der in diesem Prozeß gemacht wird, kann teuer sein. Der Gewinn entschädigt den Unternehmer für den Einsatz seiner Zeit, seines Könnens und belohnt ihn für die eingegangenen Risiken.
Der Gewinn kann auch als Lohn für Risikobereitschaft und Einfallsreichtum bezeichnet werden. In diesem Sinne ist er der Hauptanreiz zu kreativem Wachstum. Ohne Gewinn läuft, um es banal zu formulieren, nichts.
Gesellschaftsethisch ist der Gewinn ein Mittel, in dem sich die Wertschätzung niederschlägt, die eine Gesellschaft für persönliche Freiheit und Kreativität hegt. Der Gewinn wird als akkumuliertes Geld zu Kapital. Dieses muß wiederum investiert werden. Die bundesdeutsche Steuerpolitik ist nicht wirtschaftsfreundlich. Sie verschlechtert die internationale Stellung des »Standortes Deutschland«. Dort, wo der Staat die Gewinne zu hoch besteuert, gibt es keinen persönlichen Ansporn zur Risikobereitschaft mehr. Unternehmen, die Verlu-

ste erwirtschaften, verpulvern das Kapital eines Volkes. Wichtiger noch ist, daß die Unternehmen, die nicht einen Teil des Gewinnes für Forschung, Entwicklung und damit für künftige Innovationen aufwenden, ihre eigene Existenz gefährden, denn die uns umgebende Welt schreitet fort und wandelt sich. Selbst wohletablierte Unternehmen, z. B. Mercedes-Benz oder die Volkswagenwerke, müssen ihre unternehmerischen Aktivitäten überprüfen, sie können sonst leicht auf eine abschüssige Bahn geraten. Was von den Kritikern der angeblich »hohen Gewinne« oft übersehen wird, das ist die Gemeinwohlfunktion.

Gewinn und Lebensstandard

Der Gewinn dient dem Gemeinwohl, indem er Ressourcen kreativ zuteilt und zu unternehmerischer Tätigkeit anregt. Die kreative Reinvestition von Gewinnen in Forschung und Entwicklung eröffnet neue Möglichkeiten, weist auf neue Horizonte, schafft neue Industrien und Dienstleistungen sowie neue Arbeitsplätze. Wer langfristig eine florierende Wirtschaft haben will, muß heute auf Konsum verzichten, um für morgen die Früchte zum Reifen zu bringen. Gewinne zu erzielen, ist in diesem Sinne eine Form der Vorsorge. Jene CDU-Politiker, die ständig neue Abgaben oder Steuern vorschlagen, sollten einmal über die Gemeinwohlfunktion des Gewinnes nachdenken.

»Gewinne« werden von Sozialisten oft als »ausbeuterisch« bezeichnet, weil er den Arbeitnehmern vorenthalten werde. Dieser Gewinnbegriff ist falsch. In wachsenden, schöpferischen Wirtschaften ist mit dem Ansteigen der Gesamtgewinne nie eine entsprechende Senkung der Einkünfte der Arbeitnehmer einhergegangen. Im Gegenteil: Ein Ansteigen der Gewinne wird in der Regel durch eine bessere Produktion oder Dienstleistung verursacht. Diese wiederum sind die Folge erhöhter Kapitalinvestitionen und Innovationen. Die Ausweitung der Produktivität schafft meist neue Arbeitsplätze und höhere Löhne. Gewöhnlich verursacht ein schnelles Ansteigen der Gewinne Neuinvestitionen. Zeiten steigender Gewinne sind Zeiten des Wohlstands und gute Zeiten, in denen steigende Steuereinnahmen des Staates möglich sind. Die Politiker, die unentwegt an der Steuerschraube drehen, haben nicht erkannt, daß es zur Schaffung neuen Wohlstandes nicht notwendig ist, anderen, d. h. den Unternehmern Wohlstand zu entziehen. Gute Gewinne haben eine positive Wirkung für die Gesellschaft. Die Schaffung neuen Wohlstandes durch hohe Gewinne ist für die Arbeitnehmer sichtlich besser, als Inflation, Stagnation und Rezession. Ohne Gewinne findet keine Entwicklung und kein Fortschritt statt.

... Nur in Volkswirtschaften, in denen hohe Gewinne erzielt wurden, stieg der Lebensstandard der Bevölkerung. Natürlich kann es vorkommen, daß ein Unternehmer oder Manager habgierig ist und den von seinem Unternehmen erzielten Gewinn nicht zukunftsorientiert investiert. Wie gesagt: Keine freie Wirtschaftsordnung und kein freier Staat kann seine Bürger zu einem tugendhaften Verhalten zwingen. Aber in einer Volkswirtschaft, in der Gewinne unklug genutzt werden, schädigen die Betreffenden ihre eigenen Interessen. Ihre Konkurrenten, die ihre Gewinne uneigennützig verwenden, wachsen wirtschaftlich schneller und besser. Das moralische Ansehen der Unternehmer, die ihre Gewinne zum Nutzen aller investieren, ist in der Gesellschaft groß. Habsucht darf nicht die treibende Kraft des Unternehmers sein. Sie schadet denen, die ihr erliegen.

Zwischen Gerechtigkeitsforderungen und wirtschaftlicher Sachgerechtigkeit besteht kein Gegensatz, sondern eine wechselseitige Beziehung.

Damit eine Handlung wirtschaftsethisch in Ordnung ist, muß sie wirtschaftstechnisch in Ordnung sein. Für den technisch richtigen Vollzug der Markt- und Wettbewerbswirtschaft hat der Unternehmer u. a. zu beachten:

— das ökonomische Vernunftprinzip,
— das Gesetz von Angebot und Nachfrage,
— die Steuerungsfunktion des Preismechanismus,
— das Gesetz des abnehmenden Ertrags,
— das Äquivalenzprinzip innerhalb der Tauschordnung.

Funktion des Marktes

Viele Schriftsteller, Politiker, Theologen und Gewerkschaftler sagen, daß man den Marktkräften nicht alles überlassen könne. In einem gewissen Sinne stimmt das auch. Der freie Markt ist zu bejahen, er braucht aber eine ordnende Hand. Marktwirtschaft allein ersetzt keine Sozial-, keine Umwelt- und keine Industriepolitik. Indirekt hört man das auch von Unternehmern, die sich über Gesetze oder Anordnungen der Regierung beklagen, die ihnen nicht passen. Oft verlangen die Unternehmer, weil sie ihre eigenen Interessen schützen wollen, von der Regierung Eingriffe, die ihre in- oder ausländischen Konkurrenten behindern. Wer glaubt, daß alle Unternehmer für einen freien Markt seien, der irrt sich. Die Versuchung, die Regierung für die eigenen Vorteile einzuspannen, ist immer groß. Der Markt gleicht in der Praxis mehr einem Ideal, das der Unternehmer nicht immer respektiert. In der Praxis werden alle Märkte vom Staat reguliert und von zahlreichen Zwängen begrenzt. Daher sind die Märkte unvollkommen. Wichtig für eine Wirtschaft — und auch für die Verbraucher — ist, daß der Markt offenbleibt für neue Un-

ternehmer, daß er dynamisch und flexibel ist. Nur dann kann er die Bedürfnisse der Menschen befriedigen.
Der Markt ist eine gesellschaftliche Einrichtung, er spiegelt das gesellschaftlichen Wesen des Menschen wider. Er lehrt alle, die an ihm teilnehmen, auf die Wünsche und Bedürfnisse anderer zu achten; nur wer dies tut, wird Erfolg haben.
Der Markt ist nicht die »Unsichtbare Hand«, die sofort alles zum Guten lenkt. Was wir aus dem Markt machen, das bestimmt der Charakter eines jeden Unternehmers.

Multinationale Unternehmen

Die weltweit operierenden Firmen, oft multinationale Unternehmen genannt, werden nicht immer richtig beurteilt. Unbestritten haben in der Kolonialzeit europäische oder amerikanische Konzerne nicht immer glücklich gehandelt. So wie Missionare und Diplomaten manchmal in fremden Kulturen versagten, kann das auch einem Unternehmer passieren. Deshalb aber die »Multis« rigoros zu verurteilen, ist falsch. Übersehen wird dabei, daß die »Multis« den Ländern dringend benötigte Kapitalinvestitionen, Technologietransfers, Importsubventionen, Ausbildung, Verbesserung der Infrastruktur, Beschäftigung, Löhne und Steuern bringen. Wir könnten uns glücklich schätzen, wenn sich möglichst viele multinationale Unternehmen im Osten Deutschlands niederlassen würden.
Diese großen internationalen Konzerne geben die kreativen Durchbrüche des einen Landes an das andere weiter. Sie begünstigen die internationale Zusammenarbeit und bauen Barrieren zwischen den Völkern. Sie exportieren Ideen, Methoden und Kapital. Ohne die »Multis« wären nur staatliche Or-

ganisationen in der Weltwirtschaft tätig, dies zum Schaden der wirtschaftlichen Kreativität und der Menschen, denen die Wirtschaft zu dienen hat.

Tarifpartner und Gemeinwohl

Die Menschen haben das natürliche Recht, sich zu Interessensgruppen zusammenzuschließen, um sich gegen Gefahren zu schützen oder ihre Lebenssituation zu verbessern. Dieses Recht auf Vereinigungsfreiheit erstreckt sich auf Ziele und Mittel.

Die ethischen Ziele oder die sittlichen Zwecke unserer interessenpluralistischen Gesellschaft sind die Freiheit des einzelnen, Gerechtigkeit, Chancengleichheit für jedermann und die Eigenverantwortung der Person. Um diese Werte zu sichern, ist ein ausgewogenes Verhältnis zwischen politisch-staatlicher und gesellschaftlicher Macht notwendig. Durch die Prinzipien der Volkssouveränität, der Rechts- und Sozialstaatlichkeit sollen sie garantiert und in einem dynamischen Prozeß verbessert werden. Freiheit, Gerechtigkeit und sozialer Ausgleich der Ungleichheit stehen in einem auszubalancierenden Spannungsverhältnis. Die Verbände, die politischen Parteien und die öffentliche Meinung sind für das Erfassen der realpolitischen Strukturen des demokratischen Systems ebenso bedeutsam wie der institutionelle Mechanismus selbst, der aus ihnen lebt.

Wenn hier vom demokratie- oder systemgerechten Verhalten der Verbände die Rede ist, wird vorausgesetzt, daß das System der Demokratie sich nicht auf den staatlichen, sondern auch auf den gesellschaftlichen Bereich bezieht. Die formaldemokratischen Regeln sind so etwas wie geronnene sittliche Erfahrung.

Die Entartung der verbandspolitischen Machtentfaltung in der interessenpluralistischen Demokratie wird durch Macht und Gegenmacht begrenzt. Diese verlangen von jedem Verband — Arbeitgebern und Gewerkschaften — eine Bescheidung der eigenen Macht. Sie erzwingen ein gesellschaftsethisches Verhalten, das den Charakter der Macht als eines Mittels zum Zweck wahrt.

Durch eine weitgehende Streuung der gesellschaftspolitischen Kompetenzen wird in der Demokratie versucht, einen gerechten Ausgleich der Interessen zu erreichen. Daher ist die Anwendung von Macht und Gegenmacht ein wichtiges Element im System. Ohne relatives Machtgleichgewicht bestünde die Gefahr einer einseitigen Machtkonzentration. Diese wiederum würde einen relativ gerechten Interessenausgleich nicht gewährleisten.

Der ungeordnete Interessenpluralismus der demokratischen Gesellschaft wird durch die Existenz von Interessenverbänden zu einem geordneten, »manifesten Pluralismus«. Daher ist das organisierte Interesse ein notwendiges und wertvolles Gliederungsprinzip unserer Gesellschaft.

Diese Feststellung findet ihren klassischen Ausdruck in Artikel 9 Abs. 3 GG. Dort ist die Tarifautonomie rechtlich verankert. Dieser Artikel kann nach U. Scheuner als Beweis angeführt werden, daß die Väter des Grundgesetzes eine Machtaufteilung bejahten, d. h. ein gesellschaftliches Gegengewicht zur staatlichen Macht. Den Tarifparteien werden bedeutsame öffentliche Funktionen übertragen, »weil sie einander gegenüberstehen, verschiedene soziale Kräfte verkörpern und miteinander in einem faktisch unterbauten Gleichgewicht stehen.«* Nach Scheuner ist Voraussetzung für das Funktionieren dieses Systems ein Grundkonsens in der Auffassung über

* Scheuner, Ulrich: Die Rolle der Tarifpartner in Staat und Gesellschaft, Walberberger Gespräche, Beiträge des Instituts für Gesellschaftswissenschaften Walberberg e. V., hrsg. von Prof. Dr. A. F. Utz und Dr. H. B. Streithofen, Stuttgart 1973, 34.

die Ordnung der Wirtschaft und Gesellschaft notwendig. Im Grundgesetz wird unser Staat nicht nur als Demokratie, sondern zuerst als Rechtsstaat und dann als Sozialstaat definiert.

Verbände, die große Wählermassen mobilisieren, können den politischen Druck der rein wirtschaftlichen Auseinandersetzung vorziehen, denn er ist meistens lohnender und einfacher. Gemeinwohlorientiert ist dieser Druck in den seltensten Fällen. Politisch ist z. B. die stärkste Waffe der Gewerkschaften der Streik. Denn er trifft nicht nur die Unternehmer, sondern die ganze Nation.

Die industrielle Gesellschaft kann aber auf die sachgemäße Artikulation wirtschaftlicher und sozialer Interessen nicht verzichten. Politische Zielsetzung und sachliche Interessenvertretung dienen der Konsensbildung und der Vermeidung schwerwiegender politischer Irrtümer und Fehleinschätzungen durch die staatliche Bürokratie oder durch ideologisch verformte Doktrinäre. Aus diesem Grunde gibt es in der Verbändeentwicklung maßgebliche Stationen, welche die Notwendigkeit und konstruktive Mitarbeit der Verbände garantieren.* Eine moderne Industrienation kann auf die Zusammenarbeit zwischen Regierung und Verbänden, also zwischen Entscheidungsfindung und sachlicher Interessenartikulation, gar nicht verzichten, weil sonst kein Konsens und kein Kompromiß zustande kommen.

Die Gewerkschaften sind Selbsthilfevereinigungen von Arbeitnehmern. Ihr Zweck besteht darin, die Belange der Arbeitnehmer wahrzunehmen. Die Notwendigkeit von Gewerkschaften ist unbestritten, denn die Unternehmer sind keine Heiligen, sie müssen in Schach gehalten werden. Umstritten

* Erinnert sei hier an die Anerkennung der Koalitionen in der Weimarer REICHSVERFASSUNG; der gesetzlichen Ordnung des Tarifvertragswesens, die Anerkennung der besonderen Grundlagen des Arbeitsrechts in der Weimarer Verfassung (Art. 157, 159, 165); vgl. Art. 9, Abs 3 GG und Stabilitätsgesetz 53.

jedoch ist die gewerkschaftliche Tarifpolitik unter den veränderten Verhältnissen des wiedervereinigten Deutschland.
Die Zeit scheint reif für eine neue Ära der Zusammenarbeit der Tarifpartner. Es stünde ihnen in einer Zeit des radikalen Wandels gut an, einmal über ihre Gemeinwohlverpflichtung neu nachzudenken.

Falsche Lohnpolitik

Stimmt die Lohnpolitik der Gewerkschaften? Die Frage läßt sich schlicht und einfach mit Nein beantworten. Die Lohnabschlüsse in den neuen Ländern eilen der Produktivität voraus; sie sind falsch. Die Politik der Gewerkschaften, die ostdeutschen Arbeitnehmer schnell an das westdeutsche Lohnniveau heranzuführen, lähmen die Wirtschaft, verhindern Investitionen und damit den Aufbau neuer Industrien oder Handwerksbetriebe. Nach 1945 trugen die Gewerkschaften durch eine maßvolle Lohnpolitik zum Wiederaufbau der westdeutschen Wirtschaft bei. Heute ist das nicht der Fall. Die Gewerkschaften und eine ungerechte Besteuerung der Unternehmen verhindern den »Aufbau Ost«. Die Gewerkschaften betreiben eine Lohnpolitik gegen die Bundesbank. Ihre überhöhten Lohnforderungen führen zu Preiserhöhungen, welche die Bundesbank nicht finanzieren kann.
Das wiedervereinigte Deutschland ist für ausländische Investoren uninteressant. Die gewerkschaftliche Lohnpolitik, die Steuern und die teutonische Regulierungswut halten ausländische Investoren davon ab, im wiedervereinigten Deutschland zu investieren.
Die Tarifpartner müssen radikal umdenken und ihre bisherige Lohn- und Arbeitszeitpolitik ändern. Die Lohnrunden der kommenden Jahre werden kaum noch nach dem alten

Muster exekutiert werden können. Regierung, Arbeitgeber und Gewerkschaften sollten sich nicht einbilden, daß der Industriestandort Deutschland noch attraktiv ist. Das Gegenteil ist der Fall. Die mangelnden ausländischen Investitionen im wiedervereinigten Deutschland weisen darauf hin, daß es in der EG und außerhalb attraktivere Standorte für ausländische Unternehmen gibt.

Ob die »Unbeweglichkeit der Tarifparteien« eine »rasche Initiative des Gesetzgebers« erfordert, wie das die »Arbeitsgemeinschaft Selbständiger Unternehmer e. V.« (ASU) verlangt, ist umstritten. Sollten sich aber die Tarifparteien ihrer Gemeinwohlverantwortung entziehen, dann muß der Gesetzgeber eingreifen.

Die Vereinbarungen der Tarifpartner und die undifferenzierte Übertragung des westdeutschen Arbeits- und Sozialrechts behindern den wirtschaftlichen Aufbau in den neuen Ländern, mehr noch: sie vernichten Arbeitsplätze. Nach einer Untersuchung des Wirtschaftsforschungsinstituts Halle »sind mindestens 1 Mio. Arbeitsplätze in den neuen Bundesländern durch die bisherige Tarifpolitik vernichtet worden«.*

Die ASU fordert eine Revision der Tarifvertragsrechte. Entscheidend dabei ist für sie »vor allem die Aufwertung der einzelbetrieblichen Handlungsmöglichkeiten«.** Diese Unternehmervereinigung will nicht die Tarifautonomie »aushebeln«, nicht die Arbeitgeberverbände oder Gewerkschaften abschaffen, keinen Ersatz der Tarifvertrag durch »Haustarife«. Sie verlangt nur größere betriebliche Gestaltungsspielräume. Ihr Anliegen ist die »Öffnung tarifvertraglicher Abmachungen für die praxisnähere betriebliche Ebene«. Sie schlägt deshalb vor:

* Vgl. Vorschläge der ASU zur Änderung des Tarifvertragsgesetzes vom 5. 11. 1992 in Bonn, S. 3.

** A.a.O. 6.

»1.§4 Absatz 3 des Tarifvertragsgesetzes ist in der Weise zu erweitern, daß abweichende Abmachungen vom Tarifvertrag immer dann zulässig sind, wenn sie einvernehmlich zwischen Arbeitgeber und Betriebsrat erzielt wurden. Wird die Regelung nicht erzielt, gilt die Regelung des Tarifvertrags:

2. § 5 (Allgemeinverbindlichkeit) ist ersatzlos zu streichen; ...

3. § 3 und § 4 Abs. 5 des Tarifvertragsgesetzes sind so zu fassen, daß die Nachwirkung von Tarifverträgen aufgehoben wird, wenn mit einem Austritt aus dem Arbeitgeberverband oder den Gewerkschaften die Bindungsvoraussetzungen weggefallen sind.«*

Würde die erste Forderung erfüllt, dann würde es den Betroffenen eines Unternehmens möglich sein, vor Ort in gewünschter Art und Umfang einverständlich mit dem Betriebsrat kollektive Regelungen betriebsindividuell abzuändern.
Die »Allgemeinverbindlichkeit« hält die ASU für eine Wettbewerbsbeschränkung und für »ein Relikt des Obrigkeitsstaates«, die beseitigt werden muß.
Die ASU hält es für »unvertretbar«, daß ehemalige Verbandsmitglieder oft noch »jahrelang Nachwirkungen aus einer früheren Mitgliedschaft unterliegen«.
Diese Regelung soll Entfaltungsmöglichkeiten für das betriebsindividuelle Handeln schaffen.
Die Wirtschafts- und Sozialpolitiker der CDU wären gut beraten, diese konstruktiven Vorschläge politisch zu verwirklichen.

* Vgl. A. a. O., 7-8.

Flexible Arbeitszeitpolitik?

Der Begriff »Arbeitszeit« ist ein wichtiges Kriterium für die einzelne Arbeitsleistung des Arbeitnehmers, für die Produktionsmenge eines Betriebes und für den Produktionsumfang, d. h. für das Sozialprodukt der gesamten Volkswirtschaft. Für den arbeitenden Menschen ist die Dauer und die Verteilung der Arbeitszeit von großer Bedeutung.

Bei der »Arbeitszeit« ist zu unterscheiden zwischen der täglichen, wöchentlichen und jährlichen Dauer oder der Lebensarbeitszeit und der berufsgebundenen Zeit, die z. B. durch die Fahrt zur Arbeitsstätte und zurück verbracht wird. Die Zeit der Anwesenheit im Betrieb (einschließlich Pausen, Wartezeiten, Leerlaufzeiten) wird »nominale« Arbeitszeit genannt im Unterschied zur »effektiven«, der »reinen« Arbeitszeit.

Die Arbeitszeit eines Betriebes und sein Erzeugungs- bzw. Leistungsvermögen stehen in einem engen Zusammenhang. Je besser die Produktionsanlagen ausgelastet werden, um so kostengünstiger kann produziert werden. Die betriebliche Arbeitszeit und deren Kosten sind wichtige, standortmitentscheidende Kriterien für den Unternehmer.

Die Entwicklung der Arbeitszeit

In den sich entwickelnden Industriegesellschaften des 19. Jahrhunderts war die Länge der Arbeitszeit ein Kernproblem der sozialen Frage. Die wöchentliche Arbeitszeit betrug in England etwa 69, in Frankreich und den USA etwa 78, in Deutschland 83 Stunden. In allen Ländern konnte die Arbeitszeit verringert werden. Um 1880 gab es in England die 52-Stunden-Woche, in Deutschland, Frankreich, Belgien und den USA die 60-Stunden-Woche. Vor dem Ersten Weltkrieg wurde in den meisten Industrieländern 9—10 Stunden gearbeitet.*

Die Arbeitszeitverkürzung kann als »ständiger Prozeß« charakterisiert werden. Die Zahl der von allen Erwerbstätigen geleisteten Arbeitszeit (= gesamtwirtschaftliches Arbeitsvolumen) ist nach dem Zweiten Weltkrieg ständig zurückgegangen.

1966 wurden noch über 55 Millionen Stunden, 1986 nur noch 44 Millionen Stunden gearbeitet. Die Zahl der Erwerbstätigen ist dabei in etwa konstant geblieben mit rund 26 Millionen. Die Arbeitszeit je Erwerbstätigen hat sich zwischen 1960 und 1986 um rund 20 v.H. verringert.** Die Zahl der Teilzeitbeschäftigten, als derer, die weniger als tariflich vereinbart arbeiten, hat in den letzten Jahren erheblich zugenommen. »1986 gab es fast viermal so viele Teilzeitbeschäftigte wie 1960 (von 0,8 Millionen auf 3,0 Millionen).«***

Die wöchentliche Arbeitszeit ist ebenfalls stark zurückgegangen. Im Durchschnitt wurden 1960 noch 44,56 Stunden pro Woche gearbeitet, 1986 waren es nur noch 39,52 Stunden, hier wirkt sich die Einführung der 38,5-Stunden-Woche im Metallbereich aus.

* Vgl. Hermann Pechan: Arbeitszeit, In: Handwörterbuch der Sozialwissenschaften Stuttgart-Tübingen-Göttingen 1956, 408.

** Vgl. Martin Bangemann, Arbeitsmarkt der Zukunft — Plädoyer für eine offene Gesellschaft, Herford 1987, 121.

*** A. a. O., 121; die Zahlen gelten für die alten Länder.

Streik und Aussperrung

Sind Streik und Aussperrung noch die richtigen Kampfmittel, um Lohn- oder Arbeitszeitverkürzungen zu erkämpfen? Der Streik ist für die DGB-Gewerkschaften ein Tabu. Die CDU als Partei und ihr Arbeitnehmerflügel wären gut beraten, einmal zu überlegen, ob die Tarif- bzw. Arbeitszeitpolitik als solche noch stimmen oder ob man bei Arbeitskämpfen nicht neue Konfliktlösungsmöglichkeiten suchen muß. Sind Streik und Aussperrung nicht ein frühkapitalistisches Faustrecht oder so etwas wie das mittelalterliche Fehdewesen?
Im Frühjahr 1992 erlebten wir einen der schwersten Streiks in der Bundesrepublik Deutschland. Wie sind Streiks heute in unserem Staat gesellschaftsethisch zu beurteilen?
Was hier zum Streik gesagt wird, bezieht sich im übrigen auch auf die Aussperrung.
Naturrechtlich beurteilt ist der Streik ein »Notstandsrecht« der Gewerkschaften. Als Notstandsrecht besteht es unabhängig vom positiven Recht.
Gemeint ist hier in erster Linie der staatspolitische Streik. Er ist erlaubt, wenn die Voraussetzungen für eine gerechtfertigte Notwehr vorliegen. So war der Generalstreik gegen den Kap-Putsch naturrechtlich auch ohne positiv-rechtliche gesetzliche Ermächtigung legitim.

Ein Notstand würde z. B. vorliegen, wenn:
1. die Existenz von Gewerkschaften (Koalitionsfreiheit) oder die demokratische Staatsordnung bedroht würden;
2. das Einkommen der Arbeitnehmer an der Grenze des Existenzminimums oder darunter liegen würde.

Ein »Aufbesserungs«- oder »Meliorationsstreik« ist unter bestimmten Bedingungen erlaubt:
1. die Forderungen müssen wirklich begründet und
2. die eintretenden Schäden zu verantworten sein.

Die Gerechtigkeit in der Form der Gemeinwohl- oder der sozialen Gerechtigkeit ist nicht einfach ein Funktionswert der Freiheit. Sie ist ein selbständiger Wert, der bei seiner politischen und sozialen Verwirklichung Begrenzungen der Freiheit mit sich bringt.

Die Überbewertung der persönlichen und der Gruppeninteressen begünstigen einen extremen Individualismus und die Konfliktgesellschaft.

Die verfassungsmäßig garantierte Koalitionsfreiheit ist ein demokratisches Freiheitsrecht. Für die Wirtschaft gilt es aber nur bedingt, denn es schafft Monopole von Gewerkschaften und Arbeitgebern. Monopole sind Machtkonzentrationen. Läßt man ihnen ihre Waffen — Streik und Aussperrung —, so wird das Gemeinwohl des Staates und damit die allgemeine Wohlfahrt dem Machtkampf der Tarifpartner ausgeliefert. Letztere werden zum Staat im Staate.

Machtmonopole gefährden immer Freiheit und Gerechtigkeit. Daher muß die Tarifautonomie, ihr Sinn, Zweck, Nutzen und ihre Grenzen, im Interesse der allgemeinen Wohlfahrt in all ihren Dimensionen neu überprüft werden.

Die Tarifautonomie ist Vertragsfreiheit in kollektiver Verantwortung. Übervorteilung des Partners und Schädigung des Gemeinwohls sind zu vermeiden. Das Verbot der »Verträge zu Lasten Dritter« ist zu respektieren.

Die Tarifautonomie wird arbeitsrechtlich von der Selbständigkeit des Individuums und der Interessengruppen abgeleitet, nach dem Prinzip: Eigenwohl geht vor Gemeinwohl.

Nach Auffassung des ordnungspolitischen Realismus muß aber die Prämisse sein: »Gemeinwohl geht vor Eigenwohl« oder »Gemeinnutz geht vor Eigennutz«. Dieses bereits von Aristoteles formulierte Prinzip hat Thomas von Aquin in drei verschiedenen Sätzen ausgedrückt:

1. das Gemeinwohl ist größer und besser als das Sondergut des einzelnen;
2. das Einzelwohl ist zielhaft auf das Gemeinwohl hingeordnet;
3. das Gemeinwohl hat Vorrang vor dem Privatwohl.

Für die Tarifautonomie bedeutet dies moralisch: Die Tarifpolitik von Gewerkschaften und Arbeitgebern muß dem staatlichen Gemeinwohl untergeordnet werden und darf sich nicht in einem staatsfreien Raum vollziehen. Die Frage ist: Sind Arbeitskämpfe in den hochkomplexen Industriegesellschaften überhaupt noch moralisch zu verantworten? Die Grenzen der Tarifautonomie müßten von der CDU einmal neu überdacht werden.
Die Rechtspflege des Bundes und der Länder muß endlich die Verfassungsgrundsätze, die zum Schutz der Opfer der Tarifautonomie bestehen, zur Anwendung bringen.
Im Jahre 1988 legten Arbeitsrechtswissenschaftler, nämlich die Professoren Dr. Rolf Birk, Dr. Horst Konzen, Dr. Manfred Löwisch, Dr. Thomas Raiser und der verstorbene Dr. Hugo Seiter, einen Gesetzentwurf zur Kodifikation des Arbeitskampfrechtes vor. Die Tarifpartner und die Bundesregierung lehnten ihn ab.
Vorbild für eine Neuordnung des Arbeitskampfrechtes könnte auch der Taft-Hartley Act der USA sein. Durch ihn wurde eine bundesstaatliche Vermittlungs- und Schlichtungsbehörde geschaffen, der Federal Mediation and Conciliation Service (FMCS), die sich bei festgefahrenen Tarifverhandlungen als Vermittler anbietet.
In der komplexen Industriegesellschaft ist das Streikrecht als Mittel zur Durchsetzung von Lohn- und Gehaltserhöhungen oder Arbeitszeitverkürzungen nicht mehr angemessen. Es ist eine Art von Faustrecht, ein Erpressungsmittel zu Lasten der Gesamtgesellschaft.

Streik und Aussperrung müssen theoretisch neu reflektiert werden. Keine gesellschaftliche Gruppe darf allein über die »ultima ratio« von Streik oder Aussperrung entscheiden. Denn sie sind Gewaltmittel in der Hand des Stärkeren. Das Recht des Stärkeren schafft keine Gerechtigkeit, sondern Ungerechtigkeit.

Veränderte Lage

Die wirtschafts-, sozial-, arbeitsrechtlichen Entwicklungen in den letzten hundert Jahren haben die Lage der Arbeitnehmer und der Gewerkschaften entscheidend verändert:

1. Der Lebensstandard der Arbeitnehmer hat sich qualitativ verbessert. Die organisierten Arbeitnehmer, Angestellte und Beamte eingeschlossen, leben nicht am Rande des Existenzminimums.
2. Der DGB ist politisch allgegenwärtig im Bundestag, in den Länderparlamenten und als Mitträger der Selbstverwaltung in öffentlich-rechtlichen Körperschaften.
3. Die Folgen eines Streiks sind für die deutsche Wirtschaft und deren internationale Konkurrenzfähigkeit verhängnisvoll. Der Schaden für nichtbeteiligte Dritte ist größer als für die Gewerkschaften.
4. Die Vielfalt betrieblicher Existenzvoraussetzungen macht überbetriebliche Tarifregelungen teilweise sinnlos. Angesichts großer Rentabilitätsunterschiede innerhalb jeder Branche vernichtet jede Brancheneinheitsregelung einen Teil der wirtschaftlichen Existenzen. Die Betriebsvernichtung liegt jenseits vorstellbarer Regelungsbefugnis. Vorzuziehen ist die Tarifregelung zwischen Einzelbetrieb und dem Betriebsrat eines Unternehmens. In diesem Rahmen

ist gewährleistet, daß die jeweilige Betriebssituation individuell berücksichtigt wird und Unternehmensvernichtungen durch die Gewerkschaftspolitik vermieden werden. Für einen Streik zur Erzwingung einer überbetrieblichen Gesamtregelung ist eine gesellschaftsethische Legitimation nicht zu akzeptieren.

Die Tarifautonomie nur als ein Verteidigungsmittel bzw. als Verfahrensmodus zu betrachten, ist ethisch nicht haltbar: Eine solche Sichtweise entlastet nämlich die Tarifpartner von ihrer Gemeinwohlverantwortung.
Eine moderne Industrienation kann auf die Zusammenarbeit zwischen politischer Entscheidungsfindung und sachlicher Interessenartikulation nicht verzichten. Im Streitfall ist immer zugunsten des demokratischen Staates und damit des Gemeinwohls zu entscheiden; denn nur dem Staat ist die Souveränität zugeordnet, zwischen unterschiedlichen Interessen zu entscheiden, orientiert am Gemeinwohl.

Konsequenzen

1. Streik und Aussperrung sind überholte Rechte der Gewerkschaften und der Arbeitgeber. In den komplexen Industriegesellschaften des ausgehenden zwanzigsten Jahrhunderts sind sie keine adäquaten Kampfmittel mehr.
2. Sie sind ein Überbleibsel frühkapitalistischen Fehderechts.
3. Sie sind für die gesellschaftspolitischen Auseinandersetzungen so untauglich wie Atomwaffen in einem Krieg.
4. Das System der Tarifautonomie muß durch das System der betrieblichen Mitbestimmung, also zugunsten der Betriebsautonomie, überwunden werden.

6

Notwendigkeit und Grenzen der Sozialpolitik

Umkehrung
Eigenverantwortung
Berechtigte Ansprüche?
»Sozialpolitik« — ein unpräziser Begriff
Arbeit und Existenzsicherung
Forderungen an die Sozialpolitik
Fragen an den Nutznießer des Gesundheitssystems
1. Was machen die Ärzte falsch?
2. Was macht die Pharmaindustrie falsch?
3. Was machen die Patienten falsch?
4. Was machen die Krankenhäuser falsch
im Verhältnis zu Arzt und Patienten?

Die ordnungspolitischen Koordinaten veränderten sich in den letzten Jahrzehnten in der Bundesrepublik: Der Sozialstaat wurde extrem überbetont, der Rechtsstaat vernachlässigt. Die Politik der CDU war an dieser Umkehrung beteiligt. Die Partei muß theoretisch und praktisch ihre Wertmaßstäbe überprüfen.

Umkehrung

In welcher Werthierarchie stehen Menschenwürde, Freiheit, Gerechtigkeit, Solidarität, Gleichheit und Subsidiarität? Diese fragende Aufzählung deutet bereits eine Ordnung an, die vom aristotelisch-thomistischen Wertdenken geprägt ist: Der Rechtsstaat ist wichtiger als der Sozialstaat. Freiheit, Gerechtigkeit, Subsidiarität haben Vorrang vor Solidarität und Gleichheit. Warum?

Jeder Mensch besitzt aufgrund seiner Personwürde, seiner Individual- und Sozialnatur ein Anrecht auf Dinge, Handlungen und Forderungen. Diese Rechtsansprüche sind teils durch das Naturrecht, teils durch das positive Gesetz festgelegt und umschrieben. Die Verwirklichung der Gerechtigkeit besteht zunächst darin, daß die rechtlichen Beziehungen nach dem Urteil der Vernunft beachtet werden. Die Gerechtigkeit ist deshalb für den inneren und äußeren Frieden so wichtig, weil gerechtes oder ungerechtes Handeln immer Wirkung zeigt.

Aufgrund seiner Natur als Einzel- und Gemeinschaftswesen lebt der Mensch in Gemeinschaft. Das Recht betrifft daher die Menschen im Verhältnis zueinander; es hat ordnende und friedenstiftende Funktion. Es soll zwischen den Menschen Ordnung schaffen und sie schützen.
Der Sozialstaat ist ein wesentliches Element unserer staatlichen Ordnung. Die Sozialstaatsklausel gehört unbestritten zu den Staatszielen. Unzweifelhaft ist aber auch, daß sie nur in Zusammenhang mit den anderen Staatszwecken richtig verstanden werden kann. Verabsolutiert man den Sozialstaat und hält ihn wichtiger als den Rechtsstaat, dann können die Folgen gefährlich sein; sie schränken die Freiheit und das eigenverantwortliche Handeln ein, ersticken und lähmen es.
Die Sozialpolitiker aller Parteien hören nicht gern, daß im Grundgesetz vom Sozialstaat nicht die Rede ist, sondern das Wort »sozial« grammatisch wie sinngemäß ein Attribut zum Rechtsstaat ist (Art. 28, Abs. 1, Satz 1). Eine fundamentale Voraussetzung unseres Staates ist der soziale Rechtsstaat, d. h. die Zuordnung des Adjektivs »sozial« zum Substantiv »Rechtsstaat«. Seit vielen Jahren läßt sich eine stetige Änderung feststellen: Bevorzugt wird der rechtlich garantierte Sozialstaat. Wir haben es hier mit semantischen Umkehrungen zu tun, die zugleich reale Wertverschiebungen kennzeichnen. Dies zeigt sich auf verschiedenen politischen Feldern.
Früher wurde und heute wird gesagt, daß der Friede das höchste Gut sei. Wertmäßig betrachtet, ist das genauso falsch wie die Behauptung, der Sozialstaat sei wichtiger als der Rechtsstaat. Menschenwürde, Freiheit und Recht sind wesentlicher. Wenn der Sozialstaatsbegriff dem Rechtsstaatsbegriff übergeordnet wird, entsteht eine konkurrierende Rechtfertigung der Staatszwecke. Die staatliche Verteilungsgarantie rangiert dann vor dem Freiheitsschutz.

Eigenverantwortung

Nach der katholischen Soziallehre ist der einzelne verantwortlich und verpflichtet, zunächst für sich und seine Familie zu sorgen. Die Familie bietet auch heute noch Geborgenheit, die der Mensch kaum in einer anderen Gemeinschaft findet. Aufgrund der Verhältnisse in der modernen Industriegesellschaft kann der Mensch seine Lebenssicherung nicht ohne gesamtgesellschaftliche Institutionen, d.h. ohne die Systeme der sozialen Sicherung, gewährleisten. Deshalb sind diese Sozialsysteme auch kein Zeichen mangelnder Selbstverantwortung, sondern vielmehr Anpassung an gewandelte gesellschaftliche und wirtschaftliche Verhältnisse.

Bereits zur Zeit der Kanzlerschaft Adenauers begann eine ungute Ausweitung der Sozialpolitik. Daß die Arbeitnehmer gegen Krankheit, Unfall und Arbeitslosigkeit versichert sein müssen, ist selbstverständlich. Aber die wachsenden Sozialleistungen und der expandierende öffentliche Sektor führten zu einem gewaltigen Anstieg der Sozialkosten bereits vor der Wiedervereinigung. Jetzt werden die Belastungen noch schwerer. Der Staat nimmt immer mehr Konturen einer Vaterfigur an. Die Menschen glauben mehr an den allmächtigen »Vater Staat«, als »an Gott, den allmächtigen Vater des Himmels und der Erde«.

Nicht zu verkennen ist, daß viele Bürger in einem Ausmaß nach staatlicher Versorgung streben, das wirtschaftlich nicht mehr finanzierbar ist. Der Grundwert »Subsidiarität« wird in der Sozialgesetzgebung kaum noch berücksichtigt. Und wenn z.B. bei der Reform des Gesundheitswesens Selbstbeteiligung verlangt wird, protestieren alle Betroffenen, d.h. konkret die Ärzte, Zahnärzte, Apotheker, Arbeitnehmer und Angestellte. Denn alle diese Gruppen verdienen an der Ausbeutung der Krankenkassen.

Berechtigte Ansprüche?

Sind die Ansprüche der Bürger an den Staat berechtigt? Müssen sie erfüllt werden? Was geschieht, wenn die Regierung sie nicht befriedigt? Seit Adenauers Zeiten, der die Sozialpolitik — auch — als Stimmenmagnet benutzte, stellen die Bürger immer höhere Ansprüche an den Sozialstaat und die Politiker, mehr in den Kategorien des Machterhalts oder -erwerbs denkend, erfüllen sie nur zu gern. Die Gefahr überzogener Ansprüche liegt darin, daß die Forderungen, die nicht erfüllt werden, Stimmenverluste bei Wahlen bringen und die Bürger sich der Partei zuwenden, die am meisten — ohne Rücksicht auf eine solide Finanzierung — verspricht. Wenn die Bürger nur noch Ansprüche stellen und darüber vergessen, ihren eigenen Einsatz zu leisten, werden die Menschen unfähig, jene Ansprüche zu erkennen, die zu Recht der Staat an jeden einzelnen stellen kann.

Wo liegen die Grenzen der staatlichen Sozialpolitik? Können wir sie unbegrenzt ausdehnen, ohne den Freiheitsraum, die persönlichen Gestaltungs- und Entfaltungsmöglichkeiten, des Menschen einzuengen? Setzen die Grundrechte nicht einen personalen Freiheitsraum und Eigenverantwortung voraus? Die Eigenverantwortung für alle Lebensbereiche darf nicht durch eine falsch verstandene Sozialfunktion des Staates immer mehr eingeengt und letztlich abgeschafft werden. In der Bundesrepublik wird das Solidaritätsprinzip in der Politik überfordert, das Subsidiaritätsprinzip vernachlässigt.

Die vor allem von der sozialliberalen Koalition betriebene Ausweitung der Sozialpolitik hatte ihre Ursache in falschen Leitvorstellungen — auch bei den Sozialpolitikern der CDU —, nämlich in der Überbetonung der Solidarität und der Konkurrenz der politischen Parteien um Wählerstimmen. Sozial- und damit finanzpolitische Sündenfälle gibt es aber nicht allein bei den Sozialpolitikern. Die z. B. von dem früheren Finanzminister Stoltenberg den Bauern vor einigen Jahren zugebilligte Vorsteuerpauschale in Milliarden-Höhe war falsch, weil systemwidrig. Wählerstimmen brachte sie der CDU in Schleswig-Holstein nicht. Wie die Parteien in Wahljahren hemmungslos soziale Wohltaten versprechen, ist allgemein bekannt. Zwischen Regierung und Opposition gibt es da kaum Unterschiede.

Der kritische Beobachter fragt sich oft: In welchem Geisteszustand sind eigentlich die verantwortlichen Politiker in den Gemeinden, den Ländern und besonders im Bund?

Sind sie reine Gefälligkeitsdemokraten? Nach welchen Wertmaßstäben betreiben sie Sozialpolitik? Wie sehen sie die Wirtschaftspolitik?

Zahlreiche Politiker sind unüberbietbar naiv in der Beurteilung gesamtwirtschaftlicher Vorgänge, eine Eigenschaft, die sie mit vielen Theologen gemeinsam haben. Diese Naivität trifft man besonders bei den Sozialpolitikern in allen Parteien an. Sie halten die Wirtschaft für eine Art Dukatenesel, zu dem man nur sagen braucht, »streck dich«, und dann rollen die Dukaten, d. h. die Deutsche Mark, das Geld des Steuerzahlers für alle möglichen Zwecke, die sozial gerechtfertigt werden. Der alte hausväterliche Grundsatz, daß man nicht mehr ausgeben kann, als man hat, wird gerade im Bereich der Sozialpolitik vergessen, auch von einigen engagierten Vertretern der katholischen Soziallehre.

Ungerecht wäre es, die Politiker allein anzuklagen. Die Verteilungsideologen in Kirchen und Gewerkschaften sind nicht unschuldig an der verantwortungslosen Ausbeutung der Sozialversicherungssysteme. Daß Pharmaindustrie, Ärzteschaft im Stand der sozialpolitischen Unschuld sind, kann vom Naivsten nicht mehr behauptet werden. Die unsozialen Ausbeuter des sozialen Netzes finden sich in den verschiedensten Gesellschaftsschichten. Und manche, die sich über die mangelnde Eigenverantwortung und Eigenvorsorge der Arbeit-

nehmer beklagen, wissen sich ihr Stück aus dem Versicherungskuchen herauszuschneiden.
Die Gemeinwohlaufgabe des Staates besteht u. a. darin, Fülle und Mangel gerecht zu verteilen bzw. auszugleichen. Die soziale Gerechtigkeit muß immer wieder neu bestimmt werden.
Die Frage, was sozial gerecht ist, läßt sich nicht a priori ein für allemal abschließend beantworten. Die Gerechtigkeit verlangt Gleichbehandlung unter der Betrachtung des Grundsatzes, daß Gleiches oft Gleiches ungleich behandelt.
Die staatliche Sozialpolitik darf die Eigenverantwortung des Individuums und der gesellschaftlichen Gruppen nicht verhindern, sie hat sie vielmehr zu fördern. Die Freiheit des einzelnen als verantwortete Freiheit ist nicht isolierte, sondern solidarische Freiheit. Die Freiheit als Ordnungsfaktor hat gemäß dem christlichen Verständnis eine Dienstfunktion.
Wie verhalten sich jene gesellschaftlichen Instanzen — Theologen, Philosophen, Soziologen, Journalisten und Juristen, die für die Bewußtseinslage der Bürger mitverantwortlich sind? Teilweise skandalös! Das wirtschafts- und sozialpolitische Analphabetentum in diesen Kreisen ist erstaunlich groß.

»Sozialpolitik« — ein unpräziser Begriff

Der Begriff »Sozialpolitik« hat trotz zahlreicher Bemühungen vieler Wissenschaftler bis heute keinen allgemein anerkannten, präzis abgegrenzten Inhalt. Diese Feststellung gilt besonders für jene Begriffsbestimmungen, die aus der sozialen Frage des 19. und des frühen 20. Jahrhunderts und den sozialpolitischen Maßnahmen zu ihrer Lösung abgeleitet sind. Viele Begriffsbestimmungen sind geschichtlich entstanden und daher raum- und zeitgebunden.

Allgemeingültige, abstrakte, zeit- und raumunabhängige Begriffsbestimmungen sagen wenig aus über die vielfältigen Formen der Sozialpolitik und nutzen in der Regel nicht viel. Allein einige exemplarische Stichworte zeigen die Spannweite: Rentenversicherung der Arbeiter, Handwerker, Bauern, knappschaftliche Rentenversicherung, Angestellten- und Kranken-, Arbeitslosen-, Unfallversicherung, Alterssicherung der freien Berufe, Beamtenversorgung, zusätzliche Altersversorgungen, Familienhilfe, Ausbildungsförderungsgesetz, Rehabilitation, Kriegsopferversorgung, Lastenausgleich, Wohngeld, Sozialhilfe etc.

Diese stichwortartige Umschreibung des Bereichs Sozialpolitik weist nur unvollkommen auf die verschiedenen Dimensionen hin. Und sie alle kosten Geld.

Arbeit und Existenzsicherung

Die CDU wäre gut beraten, wenn sie in ihrem neuen Grundsatzprogramm eine Bestandsaufnahme der Sozialpolitik und eine neue Beschreibung ihrer Aufgaben vornehmen würde.

Die deutsche Sozialpolitik hat sich in ihrer Geschichte zu einem für alle Unselbständigen und große Teile der Selbständigen umfassenden Schutz- und Ausgleichssystem entwickelt. Es setzt wirtschaftlichen in sozialen Fortschritt um. Zweck und Sinn dieses Systems ist:

1. der Schutz der Erwerbstätigen,
2. die soziale Sicherheit für alle,
3. die Erhaltung bzw. Verbesserung der Stellung bestimmter Volksschichten im Wirtschafts- und Sozialgefüge,
4. die Teilnahme aller Bürger an der allgemeinen Wohlstandsentwicklung.

Allgemeines Ziel der Sozialpolitik ist die Verwirklichung der sozialen Gerechtigkeit, um den sozialen Frieden in unserer Gesellschaft zu sichern.

Die Schizophrenien des teutonischen Denkens zeigen sich, wie oben bereits skizziert, gerade in dem unterschiedlichen Verhalten der Parteien und Verbände bei der Reform des Gesundheitswesens und der Pflegeversicherung.

Ein kurzer geschichtlicher Rückblick auf die Formen sozialer Existenzsicherung ist hilfreich, um die zeitgenössischen sozialpolitischen Diskussionen um die Gestaltung der Gesundheitsreform und der Pflegeversicherung zu verstehen.

Die Menschen waren stets gezwungen, ihre Existenz und ihr Lebensniveau durch Arbeit zu sichern. Im Laufe der geschichtlichen Entwicklung änderten sich die Arbeits- und Lebensformen, damit auch die Risiken, vor denen sich der Mensch sichern mußte. Es gab Gruppen, Horden, Stämme, Großfamilien. Diese sozialen Einheiten waren in einem uns heute nicht mehr vorstellbaren Ausmaß von der Natur abhängig. Gegen die elementar-natürlichen Bedrohungen sicherte sich die arbeitende Gruppe selbst. Sie war eine Urform von Versorgung und Fürsorge. Die alten Ordnungen gründeten zum Teil auf einer hochentwickelten Landwirtschaft. Leibeigene und Sklaven versorgten und sicherten ihre Herrschaft, die wiederum für ihre »Arbeitnehmer« sorgten.

Der familiäre Verband sicherte bis weit in das 19. Jahrhundert hinein vor den Notfällen des Lebens. Zwar gab es Formen staatlicher und kirchlicher Versorgung und Fürsorge, die aber örtlich begrenzt waren.

Herstellung, Verteilung und Verbrauch der Güter hingen für die arbeitenden Menschen in der Agrargesellschaft weitgehend zusammen. Erst mit der Entwicklung des Warenaustausches und des Geldes, die sich vor allem in den Städten voll-

zog, löste sich dieser unmittelbare Zusammenhang auf. Das Geld trat als Zahlungsmittel zwischen den einzelnen Bereichen und Individuen auf.
Die Formen der Sicherung von Lebensrisiken vergangener Epochen können nur aus den damaligen Gesellschaftsordnungen und Anschauungen verstanden werden. Die Feststellung gilt auch für die Gegenwart. Die Produktion von Gütern, ihre Verteilung und ihr Verbrauch sind im Gegensatz zur vorindustriellen Gesellschaft getrennte Bereiche. Heute verlassen der Mann oder die Frau ihre Wohnung, um »zur Arbeit« zu gehen. An anderen Plätzen wiederum kaufen sie ihre »Lebensmittel« ein, die sie zu Hause verzehren, wo man sich erholt und die Freizeit genießt.
Herstellung, Verteilung und Verbrauch sind die elementaren Bestandteile des Güter- und Geldstromkreislaufs. Die treibende Kraft dieses Kreislaufs ist das Interesse der Unternehmer, ihr Vermögen produktiv, d. h. zum Zwecke der Vermehrung, einzusetzen. Die Arbeitnehmer, die kein Produktivvermögen besitzen, sind darauf angewiesen, ein Arbeitsverhältnis mit einem Arbeitgeber zu schließen, um ihren Lebensunterhalt zu verdienen und für Lebensrisiken abzusichern. Ein individuelles und gesellschaftliches Risiko für die Arbeitnehmer ist ein nichtbestehendes oder unterbrochenes Arbeitsverhältnis.
In der modernen Industriegesellschaft vollziehen sich tiefgreifende soziale Wandlungen:

— Der wissenschaftliche und technische Fortschritt, neue Formen der Arbeitsorganisation bewirken veränderte gesellschaftspolitische Verhaltensweisen;
— Natur- und politische Ereignisse werden nicht mehr und unbedingt als gottgewollt, schicksalhaft, individuell verschuldet und nicht steuerbar gedeutet; sie werden im Gegenteil auf beeinflußbare Ursachen zurückgeführt. Damit

verändern sich die Einstellungen gegenüber Lebensrisiken und ihren Sicherungsformen.

— Industrielle Arbeitsweisen, marktwirtschaftliche Freiheit, Kleinfamilie, Teilauflösung traditioneller Gruppen wie Nachbarschaft und Gemeinde bewirkten, daß die Familie einen Teil ihrer Schutzfunktion verlor. Die Folge: Familie und Einzelmensch wurden zunehmend stärker in den Staat eingebunden: Erziehung, Ausbildung, Kranken- und Altenbetreuung werden entweder von staatlichen oder kommerziellen Einrichtungen übernommen.

— Die Anforderungen an die Mobilität einzelner Unternehmen, ganzer Branchen, der Arbeitnehmer und Angestellten steigen. Die beruflichen Qualifikationen ändern sich. So entstehen neue Risiken und Forderungen an die soziale Sicherung.

— Die internationale Arbeitsteilung, die nationale und weltwirtschaftliche, nimmt zu. Damit ist eine wechselseitige Abhängigkeit von Unternehmen, Branchen und Nationen verbunden.

Forderungen an die Sozialpolitik

Den beschriebenen Wandlungen kann nur mittels einer durchdachten, von ihrem Konzept her überzeugende Sozialpolitik gerecht werden.

1. Der Zusammenhang zwischen Wirtschafts- und Sozialpolitik ist bei allen sozialpolitischen Maßnahmen zu berücksichtigen.
   Wirtschafts- und Sozialpolitik müssen immer in einem Zusammenhang gesehen werden. Das bereits bestehende System der sozialen Sicherung setzt ein stetiges Wirtschafts-

wachstum bei Preisstabilität und möglicher Vollbeschäftigung voraus. Nur so können Krisen für die Sozialversicherungssysteme vermieden und sie weiter ausgebaut werden. Das Prinzip der Wirtschaftlichkeit, oder anders formuliert, die langfristige Finanzierung ist von den Politikern solide zu sichern. Die Finanzsituation der Sozialversicherungsträger — Renten und Krankenversicherung und der Bundesanstalt für Arbeit — wird angesichts kleiner werdender Wachstumsraten und der zwangsläufig weiter steigenden Ausgaben immer angespannter. Die Sozialpolitiker dürfen nicht eindimensional denken. Sie müssen die Grenzen der Belastbarkeit der öffentlichen Haushalte, die Kostensituation, die Investitions- und Wettbewerbsfähigkeit der Betriebe stärker berücksichtigen.
Gegebenenfalls müssen Einsparungen vorgenommen werden.

2. Die Leistungs- und Finanzierungsströme müssen durchsichtiger gemacht werden.
   Vorschläge:
   Kann nicht der Patient die Abrechnung des Arztes für seine Krankenkasse gegenzeichnen? Bei diesem Vorschlag ist zu fragen: Was bringt konkret eine Gegenzeichnung? Was spricht dafür, was dagegen? Dafür würde sprechen, daß der Patient das Gefühl vermittelt bekäme, daß er ernstgenommen würde.
   Er würde ferner erkennen können, welche finanziellen Aufwendungen für die Diagnostik und Behandlung seiner Krankheit erforderlich sind und sie in Relation zu seinen Beitragszahlungen setzen. Dagegen spricht etwa die Überlegung, ob der Patient die Kompetenz besitzt, die Kosten seiner Behandlung richtig einzuschätzen?
   Zweifel sind auch hinsichtlich der Allgemeinverständlichkeit von ärztlichen Abrechnungen angebracht!
   Kann nicht der Versicherte jährlich einen Computeraus-

zug von seiner Kasse über seine Leistungen, d.h. über seine eingezahlten Beiträge und seine Ausgaben, erhalten? Spätestens hier würde der Patient die Diskrepanz zwischen subjektivem Empfinden und objektiver Beurteilung der Kosten erkennen.

Die wirtschaftliche Entwicklung verlangt eine größere Durchsichtigkeit des Beitragsaufkommens und der Ausgaben. Nur so ist ein Überblick über das finanziell Tragbare und über die optimale Verwendung der Beiträge zu gewinnen.

Mögliche Fehlentwicklungen können so rechtzeitig erkannt werden. Entspricht die Sozialpolitik der Regierung dieser Forderung?

Wie sind diese riesigen Summen der Sozialversicherungsträger den Bürgern, die ja auch fast immer Beitragszahler sind, allgemein verständlich zu machen?

3. Die Eigenverantwortung und Fürsorge der Bürger, abstrakt gesprochen, das Subsidiaritätsprinzip, muß stärker berücksichtigt werden. Der Schutz des einzelnen in der sozialen Sicherung hat einen Umfang erreicht, der weit über die Grundsicherung gegen die Wechselfälle des Lebens hinausreicht.

   Für eine bedarfsgerechte und moderne Gesundheitsvorsorge ist der einzelne selbst verantwortlich. Die Vermögenslage in der Bundesrepublik ist so, daß fast jeder durch eine gesunde und aktive Lebensweise wirksame Gesundheitsvorsorge betreiben kann. Aufbauend auf diesen Grundgedanken hat die Krankenversicherung eine bedarfsgerechte und dem jeweiligen Stand der medizinischen Wissenschaft angepaßte Versorgung der Bevölkerung mit Gesundheitsgütern zu gewährleisten.

   Eine Tabuisierung von schwierigen Rechtsfragen darf es eigentlich nicht mehr geben. Das beträfe in etwa die Frage, inwieweit durch Prämien (Versicherungsbonus) eine selbstverantwortliche Gesundheitsvorsorge der Beitragszahler honoriert werden könnte.

4. Die zunehmende Belastung der Solidargemeinschaft kann nicht durch eine Verschiebung von Leistungen zwischen den einzelnen Zweigen der Sozialversicherung gelöst werden. Wer dies tut, vermengt in unzulässiger Weise die originären Aufgaben der jeweiligen Sozialleistungsträger.

Fragen an den Nutznießer des Gesundheitssystems

Im deutschen Gesundheitswesen kennen wir keine Marktwirtschaft. Wäre sie, die Marktwirtschaft, möglich und wünschenswert? Möglich schon, sozialpolitisch aber nicht wünschenswert.

Ordnungspolitisch haben wir keine Marktwirtschaft im Gesundheitswesen. Verführt nicht die staatlich organisierte Zuteilung von Geldern zur Ausbeutung von Krankenkassenbeiträgen ohne marktwirtschaftliche Folgen? Ein Wettbewerb wie auf dem freien Markt gibt es nicht. Aber innerhalb des Systems wird getan, als herrsche dort Marktwirtschaft.

Trifft die vorher gemachte Feststellung nicht auch die Ärzteschaft, nämlich die Ausbeutung der Krankenkassen? Die Ärzte verhalten sich wie Großwildjäger im Zoo oder in einem genau umgrenzten Safaripark. Die Löwen können kaum flüchten und sind immer in ausreichender Zahl zum Abschuß vorhanden. Ähnlich ist es mit den Patienten. Oder ist das Bild falsch? Flüchten die Patienten nicht von einem Arzt zum anderen, bis sie krankgeschrieben sind? Man kann auch ein anderes Bild bringen: Fischfang im Aquarium. Das Verhältnis Arzt—Patient ist wie das des Anglers zu den Fischen im Aquarium. Für Nachschub wird gesorgt.

Das System der Krankenversicherung verführt alle zu einem falschen Verhalten, zum Teil sind die Krankenversicherungen daran selbst schuld, da ihr aufgeblähter Verwaltungsapparat zu undurchsichtig ist und zusätzliche Kosten verursacht.

1. Was machen die Ärzte falsch?

Sie arbeiten in einem System mit marktwirtschaftlichen Verdienstgebaren, das keine Marktwirtschaft ist. Beispiel: Ein teures Gerät, z. B. der Computertomograph wird ausgelastet wie eine Drehbank, die Laufzeiten müssen ausgenutzt werden. Stichwort: Amortisation.
Struktur und Aufbau unseres Gesundheitswesens halten marktwirtschaftlichen Kriterien nicht stand.
Wird z. B. die persönliche Betreuung des Patienten durch den Arzt in einem ausreichenden Maße honoriert? Stimmen die Abrechnungskriterien? Sieht sich der Arzt nicht bisweilen gezwungen, die Apparatemedizin überzubetonen, um seine betriebswirtschaftlichen Kosten zu erwirtschaften?

2. Was macht die Pharmaindustrie falsch?

Die deutsche pharmazeutische Industrie hat nicht zu Unrecht den Beinamen »Apotheke der Welt« erworben. Sie hat durch die zahlreichen Entwicklungen neuer Medikamente, und dies ist unbestreitbar, ganz wesentlich zum therapeutischen Fortschritt beigetragen. Sie muß, um ihre Forschungsarbeiten fortzusetzen, mit den von ihr entwickelten Medikamenten nach den Regeln der Marktwirtschaft Geld verdienen. Dies ist die Voraussetzung für weitere Forschungsinvestitionen.
Doch gerade in ihrer marktwirtschaftlichen Ausrichtung, mit der die pharmazeutische Industrie auf ein System wie das

deutsche Gesundheitswesen trifft, das nicht allein marktwirtschaftlichen Gesetzen gehorchen kann, entstehen die oft kritisierten Komplikationen. Diese sind geradezu systemimmanent.
Ist alles richtig, was die Pharmaindustrie am Markt tut? Unternimmt sie nicht den Versuch, alle am Gesundheitswesen Beteiligten »aufzukaufen«?

3. Was machen die Patienten falsch?

Gibt es bei vielen Patienten nicht eine Leistungserpressung bei einer zunehmenden Zahl um ihre Existenz bangender Ärzte? Wenn der Hausarzt nicht den gewünschten Kurantrag befürwortet, den Rentenantrag nicht wunschgemäß formuliert oder sich gar anmaßt, Verordnungen vorzuenthalten, tut es der Kollege von gegenüber bestimmt. Patienten sind mit Leichtigkeit in der Lage, die Ärzte gegeneinander auszuspielen und damit einen erheblichen Kostenschub zu verursachen.

4. Was machen die Krankenhäuser falsch im Verhältnis zu Arzt und Patient?

Die Krankenhäuser bekommen bestimmte Pflegesätze. Dies verführt dazu, die Patienten »kostendeckend« möglichst lange im Krankenhaus zu halten. Dieser Zustand muß unbedingt geändert werden. Jetzt ist es so, daß ein Patient nach einer Blinddarmoperation möglichst lange im Krankenhaus liegen bleibt, um die entstehenden Kosten abzudecken. Nützlich wäre z. B. die Festbudgetierung, d. h. eines festgelegten Preises für eine bestimmte Leistung. Diese würde mit Sicherheit das Bestreben des Krankenhauses steigern, den Patienten so früh wie möglich, also zum richtigen Zeitpunkt, aus dem Krankenhaus zu entlassen.

Wie ist die Rolle der Verwaltungschefs von Krankenhäusern zu beurteilen? Es soll vorkommen, daß Verwaltungschefs ihre Theorien von der Funktion eines Krankenhauses oft nur aus hausspezifischen Statistiken ableiten. Der Druck, der von den Verwaltungen auf die jeweiligen Chefärzte ausgeübt wird, ist mitunter groß. Effektiv ist dies jedoch nur, wenn wirtschaftlicher Sachverstand vorhanden ist und sich in Einklang mit den medizinischen Belangen bringen läßt. Wird aber die Effizienz der verschiedenen Krankenhausträger hinreichend überprüft? Können betriebswirtschaftliche Mangelerscheinungen nicht auch auf unzureichendes Management zurückgeführt werden?

Im Gesundheitsbetrieb geht es um viel Geld. Ein versiertes Management muß die Geldströme ohne Bevormundung der Ärzte sinnvoll lenken und begrenzen. Mir ist bis heute kein Patient bekannt, der ein Krankenhaus wegen seines Verwaltungschefs aufgesucht hätte.

12 Thesen zur CDU-Politik

Die CDU hat in dieser Zeit ihre eigenen politischen Aufgaben, von deren Lösungen die Sicherung der Freiheit, des Rechts- und Sozialstaates abhängen.

Die Grundsätze und zu verwirklichende Ziele sind:

1. Die Staatsraison der Bundesrepublik Deutschland verlangt von den politisch Handelnden die Sicherung und Respektierung der Menschenwürde, der Freiheit und des Rechts.
2. Der christliche Politiker hat dem Gemeinwesen aus christlicher Verantwortung zu dienen: Verantwortlich als Christ handeln bedeutet: Gemäß der Vernunft und in freiem Willensentschluß sein Handeln vor Gott, seinem Gewissen und der menschlichen Gemeinschaft zu verantworten. Leitnorm ist das Gebot der Gottes- und Nächstenliebe bzw. die »Goldene Regel«.
3. Der Rechtsstaat ist wichtiger als der Sozialstaat, Freiheit, Gerechtigkeit und Eigenverantwortung haben immer Vorrang.
4. Der staatlichen Autorität obliegt es, die Beobachtung der Gesetze durch alle Bürger zu überwachen oder zu erzwingen, Befolgung und Übertretung gerecht zu vergelten, um dadurch den schleichenden Legitimitätszerfall der staatlichen Herrschaftsordnung aufzuhalten.
5. Die Sicherung des äußeren Friedens ist nur möglich in der westlichen Wertegemeinschaft.
6. Für die Sicherung des inneren Friedens muß mit der SPD

ein Minimalkonsens gefunden werden, falls das irgendwie möglich ist. Nur sollten z. B. polizeitechnische Maßnahmen nicht zu Glaubenssätzen hochstilisiert werden.

7. Mit marktwirtschaftlichen Mitteln muß eine menschengerechte Umweltpolitik theoretisch konzipiert und praktisch durchgeführt werden.
8. Die Stabilisierung der sozialen Sicherungssysteme kann nur gelingen, wenn ein langfristiger Minimalkonsens zwischen der Regierungskoalition und der SPD, den Gewerkschaften und den Arbeitgebern gefunden wird. Die Eigenverantwortung und -beteiligung der Bürger ist dabei gebührend zu berücksichtigen.
9. Die Verbesserung der Arbeitsmarktverhältnisse kann nur mit marktwirtschaftlichen Mitteln gesteuert werden. Staatliche Beschäftigungsförderungsprogramme haben sich in der Vergangenheit als unwirksam erwiesen und sind abzulehnen.
10. Für christliche Politiker muß die Staatsraison immer Vorrang vor der Parteiraison haben. Der Kampf um Machtgewinn oder Machterhalt findet seine Grenzen an der Rechtsordnung und an den Zehn Geboten.
11. Christliche Politiker, die im Leben und Handeln glaubwürdig sind, sind für die Gewinnung von Wahlen besser und wichtiger als papierene Programme.
12. Bei allen Meinungsverschiedenheiten sollten die Politiker nie vergessen, daß politische Entscheidungen weitgehend Zweckmäßigkeitsentscheidungen sind; Ermessensfragen, über die man, bei aller Übereinstimmung in den Grundanschauungen, sehr wohl verschieden denken kann.

Personenregister